TOBIAS TEICHEN
MIT CHRISTIAN PROPP

LOVE SEX GOD

DER ETWAS ANDERE WEG

R B

4. Auflage 2026

Max-Eyth-Str. 41 · 71088 Holzgerlingen
brockhaus-verlag.de

Namen und Details der hier beschriebenen Geschichten wurden zum Schutz der Privatsphäre der beteiligten Personen teilweise verändert.

Co-Autorin: Claudia Elsen, München
Bildmaterial: gesamtes Bildmaterial darf mit Lizenz von Sophia Lasson/ Unsplash verwendet werden.
Gesamtgestaltung: Sophia Lasson, München
Druck und Bindung: Dimograf Sp. z o.o.
Gedruckt in Polen

ISBN 978-3-417-26984-0
Bestell-Nr. 226.984

GUT ZU WISSEN

00

HALLO! SCHÖN, DASS DU DIESES BUCH LIEST! BEVOR WIR MIT DEM EIGENTLICHEN THEMA STARTEN, HABEN WIR HIER EINIGE PUNKTE AUFGELISTET, DIE DIR BEIM VERSTÄNDNIS HELFEN SOLLEN.

Vertiefung – Im Text befinden sich immer wieder Verweise auf Fragen aus dem »Question & Answer«-Teil (Q&A) am Ende des Buches. Für manche Leser sind bestimmte Fragen (z. B. »Sollte man heute überhaupt noch heiraten?«) bereits klar. Wenn das bei dir nicht der Fall ist, empfehlen wir dir: Pausiere beim Lesen und schau dir die kurzen Gedanken dazu im Anhang an. Lies dir nicht alle Q&As auf einmal durch, sondern erst, wenn sie im Text genannt werden, sonst wirst du eventuell den Zusammenhang nicht verstehen.

Gendering – Um dir einen einfachen Lesefluss zu ermöglichen, haben wir meistens auf eine Nennung jeweils beider Geschlechter bzw. Pronomen verzichtet. Es ist aber unser Herzensanliegen, dass dieses Buch sowohl für Männer als auch für Frauen eine Unterstützung ist. Wir möchten an dieser Stelle noch mal betonen, dass uns die Gleichwertigkeit von Mann und Frau (siehe z. B. Galater 3,26-29) wichtig ist, auch wenn wir in den Sätzen nicht jedes Mal die weibliche und männliche Form explizit nennen.

Team up – Lies das Buch nicht allein! Frage deine Freunde, ob sie sich gemeinsam mit dir diesem Thema stellen wollen, sich mit dir darüber austauschen, darüber beten und in der Bibel recherchieren wollen.

WAS ICH MEINEM 18-JÄHRIGEN ICH GERNE SAGEN WÜRDE

TOBI: »Keinen Sex vor der Ehe zu haben, ist die beste Entscheidung, die du treffen kannst!« Wenn mir das jemand vor zwanzig Jahren gesagt hätte, hätte ich wohl nur den Kopf geschüttelt, und in meinem Hirn wären viele Fragen aufgeploppt wie:

- Sex ist doch etwas Großartiges und wurde von Gott erschaffen. Warum sollte ich damit bis zur Ehe warten, und wo steht das in der Bibel?
- Das Körperliche gehört doch auch zu einer Beziehung! Man muss doch wissen, ob es auch körperlich passt? (Bevor man heiratet!)
- Muss nicht jeder selber bestimmen, was richtig oder falsch ist?

Ganz ehrlich! Ich konnte dem Thema »Kein Sex vor der Ehe« wenig abgewinnen, obwohl ich ein gläubiges Elternhaus hatte und die Ansichten dazu kannte. Vielleicht geht es dir heute wie mir damals: Du bist christlich aufgewachsen, hast aber irgendwie noch nie wirklich gute Antworten auf die Fragen bekommen, die ich mir damals auch gestellt habe. Oder du bist erst seit Kurzem zum Glauben an Jesus gekommen und wunderst dich, warum manche Christen an so einer altmodischen Einstellung im Bereich Sexualität festhalten.

Wenn du dich an Zeitungskiosken und im Netz umschaust, siehst du überall genau das Gegenteil von keinem Sex vor der Ehe, ganz zu schweigen von gleichaltrigen Freunden und Bekannten. Das lässt dich vielleicht grübeln, ob einige Christen mit ihren Ansichten da nicht auf einem skurrilen Abstellgleis stehen geblieben sind.

Mir ging es damals ähnlich: Da ich vieles von den Aussagen anderer Christen zum Thema Sex nicht verstand, machte ich einfach, was ich persönlich für richtig hielt! Ja, ich hatte Sex vor der Ehe! Mit dem Wissen von heute hätte ich damals aber einen anderen Weg gewählt. Manchmal würde ich gerne in eine Zeitmaschine einsteigen, zum jungen Tobi reisen und ihm erzählen, welche Antworten ich im Laufe der Jahre zu dem Thema gefunden habe. Ich glaube, wir würden heftige (aber auch fruchtbare) Diskussionen führen. Also, wenn du jemanden kennst, der so eine Zeitmaschine im Keller hat, bitte melde dich gern bei mir!

Ich vermute mal stark, dass du keine Zeitmaschine hast, sodass ich meinem jüngeren Ich nichts mehr erzählen kann. Stattdessen freue ich mich aber, wenn du dieses Buch liest! Vielleicht bist du genauso kritisch wie ich damals mit dem, was dein christliches Umfeld dir im Bereich Sexualität rät. Ich werde dir nicht vorschreiben, was du tun sollst, aber ich möchte dir erzählen, welche Erkenntnisse ich über die Jahre bekommen habe. Ich hoffe, dass du dabei genauso solche Aha-Momente erlebst wie ich!

EINER WIE ICH

Da ich als Senior-Bro-Pastor, wie mich einige Leute in unserer Church liebevoll nennen, dieses Buch nicht allein schreiben, sondern auch jemanden dabeihaben wollte, der fresh, jung und knackig und damit zur Zielgruppe dieses Buches gehört, entstand die Zusammenarbeit mit Christian Rossmanith. Chris ist heute Leiter unseres Research-Bereichs und forscht mit seinem 30-köpfigen Team Monate vor einer ICF-München-Predigt zu den jeweiligen Predigtthemen. Das Thema »Sex vor der Ehe« war auch Teil einer Predigtreihe. Sein Team und er haben so viele krasse Erkenntnisse in dem Bereich gehabt,[1] dass wir uns entschieden haben, all dieses gesammelte Wissen in einem Buch zu veröffentlichen.

Und weißt du, dass Chris nicht nur wegen seines fachlichen Wissens der richtige Mann für dieses Buchprojekt ist? Als er 2012 in unsere Kirche kam, hatte ich manchmal das Gefühl, dass ich doch mit einer Zeitkapsel 25 Jahre zurück durch die Zeit gebeamt worden bin. Denn Chris war wie mein junges Ich! Er war mit seinen 21 Jahren dem Thema »Kein Sex vor der Ehe« ähnlich kritisch gegenüber eingestellt wie der junge Tobi Toichen. Einfache Antworten? Vergiss es! Chris brachte die Leiter der Kirche mit seinen Fragen an den Rand des Wahnsinns. Auch wenn ihn viele

Antworten nicht zufriedenstellten, faszinierte es mich, dass er dabei nie seine Liebe zu Gott aufgab, sondern ihn und seine Ansichten immer wieder suchte. Dies führte dazu, dass Gott das Leben von Chris, insbesondere im Bereich Sexualität, auf eine erstaunliche Weise verändert hat. Und er war eine noch härtere Nuss als ich!

Wir werden dich also zu zweit in diesem Buch auf eine Reise mitnehmen, die Chris vor einigen Jahren gemacht hat. Pack die Koffer und komm mit! Du wirst erleben, wie Vorurteile aus deinem Gepäck geholt und hinterfragt werden. Aber Achtung! Dieser Trip hat es in sich: Es kann gut sein, dass viele in dich hineingeprägten gesellschaftlichen Ansichten durchbrochen werden. Du wirst vielleicht einen etwas anderen Weg entdecken als den, den unsere Mainstream-Gesellschaft aktuell geht. Ich bete, dass du durch die Geschichten und Erkenntnisse, die wir hier teilen, inspiriert und herausgefordert wirst. Und: dass du eine Freiheit im Bereich Sexualität erleben darfst, von der du vorher noch nicht einmal wusstest, dass sie existiert.

> Deshalb orientiert euch nicht am Verhalten und an den Gewohnheiten dieser Welt, sondern lasst euch von Gott durch Veränderung eurer Denkweise in neue Menschen verwandeln. Dann werdet ihr wissen, was Gott von euch will: Es ist das, was gut ist und ihn freut und seinem Willen vollkommen entspricht.
>
> RÖMER 12,2

WARUM VER-ZICHTE ICH AUF DAS SCHÖNSTE, WAS ES IN DIESER WELT GIBT?

WIE ALLES BEGANN

01

Schnall dich an, es geht los: und das ungebremst! Denn Chris wird nun damit beginnen, dich ohne Zensur in sein Leben mitzunehmen. Bevor wir jetzt aufs Gaspedal drücken, möchte ich dir noch kurz danken, Chris! Ohne Filter nimmst du uns mit in deinen inneren Kampf mit der Frage nach Wahrheit. Wir dürfen dich auf deiner Suche nach Antworten begleiten. Antworten auf die Frage, wie eine Beziehungskultur geprägt von Liebe und gegenseitiger Wertschätzung heute aussehen sollte.

1.1 BIN ICH EIGENTLICH CRAZY?

CHRIS: Wütend stehe ich vor dem Spiegel und starre mir in die Augen. Mein Puls pocht. Meine Ohren dröhnen. Ob noch von der lauten Musik im Club oder vom hohen Blutdruck, weiß ich nicht. »Warum habe ich sie nicht einfach vorhin auf der Tanzfläche geküsst und bin mit ihr nach Hause gegangen? Sie wollte es, und ganz ehrlich: Ich wollte es doch auch!« Bis zu diesem Moment hatte ich eigentlich einen echt guten Abend gehabt. Ich hatte die junge Frau in einem Zwischengang im Club gesehen. Sie trug ein kurzes, dunkelgrünes Kleid, das meinen Blick auf ihren kurvenreichen Körper lenkte. Wir kamen ins Gespräch, und ein paar Drinks später standen wir auf der Tanzfläche. Während des zweiten Songs wurde der Abstand unserer Körper beim Tanzen immer geringer. Langsam näherten sich unsere Lippen.

Plötzlich wurde ich wie aus einer Trance gerissen. Innerhalb von Sekundenbruchteilen schossen eine Vielzahl von Gedanken durch meinen Kopf. »Moment mal! Was mache ich hier gerade? Das wollte ich doch gar nicht!« Ich schaute sie an, und mir wurde wieder bewusst, wie schön sie aussah. Ich war hin- und hergerissen. »Willst du dir diese Chance wirklich entgehen lassen?« Doch mit letzter Willenskraft zog ich meinen Kopf wieder zurück, als sie versuchte, mich zu küssen. Mit schrägem Blick schaute sie mich einen kurzen Moment an. Die Zeit schien stillzustehen. Ich wusste nicht, wie ich es ihr erklären sollte, aber anscheinend reichte mein Gesichtsausdruck schon aus, um ihr zu verstehen zu geben, dass heute nichts laufen würde. Einen Augenblick lang tanzte sie weiter, bis sie sich auf einmal umdrehte und mich allein auf der Tanzfläche zurückließ.

Später beim Verlassen des Clubs sah ich, wie sie mit einem anderen Typen Arm in Arm in ein Taxi stieg. Das war wie ein Schlag in den Bauch.

Nun stehe ich in meinem Zimmer und starre mit einer Mischung aus Wut, Frustration und Zweifel in mein Spiegelbild. Im Zimmer nebenan höre ich meinen Mitbewohner. Besser gesagt, ihn und sein heutiges Tinder-Date. Ich fühle, wie der Neid in mir hochsteigt. Das könntest du jetzt auch haben! Frustriert schlage ich mit der flachen Hand gegen die Wand. **Warum verbiete ich mir das Schönste, was es auf dieser Welt gibt?**

VON BIENCHEN UND BLÜMCHEN

Gehen wir ein paar Jahre zurück. Ich durfte in einer wunderbaren Familie aufwachsen, in der wir offen über alles reden konnten. Meinen Eltern war stets wichtig, dass Sex kein Tabu-Thema ist. Auch unsere mutige Biologielehrerin bot uns in der Schule einmal an, sämtliche Fragen über Sex zu beantworten. Wir Schüler freuten uns natürlich wie Honigkuchenpferde über diese Gelegenheit und suchten im Internet nach den verrücktesten Sex-Trends, die wir dann mit großer Leidenschaft im Unterricht diskutierten. Doch weder in der Schule, in der Familie, in Freundeskreisen noch in der Kirche unterhielten wir uns über einen zentralen Aspekt: den Wert von Intimität! Und so entstand in meinem Verständnis von Sex eine Lücke, die ich mit Inspiration aus anderen Quellen füllte. Ältere Kumpel erzählten im Training, wen sie am Wochenende »flachgelegt« hatten; Männerzeitschriften gaben

Tipps, wie der erste Dreier klappen konnte, und Vorbilder, wie z. B. berühmte Schauspieler, schwärmten von ihrer offenen Ehe, in der es okay ist, wenn der Partner auch mit anderen Personen schläft.[2]

POPULÄRE WAHRHEITEN

Unser TV-Programm spiegelte (damals wie heute) diese Wünsche und Vorstellungen im Bereich Sexualität wider. In Filmen war die Zeitspanne zwischen Kennenlernen und erstem Mal Sex meist ziemlich kurz.

Obwohl es so offensichtlich sein mag, dass Freunde oder unsere Medien nicht immer die besten Ratgeber im Umgang mit Sex sind, hatten sie einen großen Einfluss auf mich, wenn auch eher unterbewusst. Ich nahm mir nie die Zeit, ihre Aussagen tiefer zu prüfen, und sammelte so einige fragwürdige Ansichten. Hier ist eine kurze Übersicht, was ich als Jugendlicher über das Thema Sex gelernt hatte:

- Sex macht dich glücklich, deshalb versuche so oft wie möglich Sex zu haben.
- Durch Sex bekommst du Anerkennung. Wenn du es z. B. schaffst, mit einer hübschen Frau zu schlafen, gehörst du zu den ganz Coolen.
- Solange Sex mit beiderseitigem Einverständnis geschieht, ist es auch eine gute Sache.
- Je öfter du mit anderen schläfst, desto besser wirst du. Also sammle Erfahrungen!
- Das Leben ist kurz, und du bist nur einmal jung. Genieße dein Leben, solange du noch fresh bist.

Was ich damals jedoch nicht wusste: Die Art und Weise, wie ich mit Sex umging, sollte bald Auswirkungen auf meine Persönlichkeit und Beziehungsfähigkeit haben.

HAST DU SIE SCHON »FLACHGELEGT«?

Mein erstes Mal hatte ich relativ spät – zumindest im Vergleich zu anderen Jungs aus meiner Generation. Mit zunehmendem Alter wurde es immer peinlicher, weniger Erfahrung als andere zu haben oder nicht mitreden zu können. »Hast du sie flachgelegt?« war eine der Standard-Fragen, die in den Schulpausen gestellt wurden, nachdem man auf einer Party am Wochenende mit einem Mädel gesehen worden war.

Als es dann endlich mit 18 Jahren »vollbracht« war, fühlte ich mich zwar immer noch minderwertig, da mein erstes Mal wenig Ähnlichkeiten hatte mit den beeindruckenden Geschichten meiner Mitschüler über ihren dreißigminütigen Sex mit dreifachem Orgasmus. Aber nachdem ich meine Story etwas ausschmückte, gehörte ich endlich zu den »Coolen«. Jahrelang war ich als »Jungfrau« von Selbstzweifeln und Unsicherheit geplagt – doch jetzt nahm mein (ungesunder) Stolz im Sinne von Überheblichkeit auf einen Schlag gewaltig zu. Auf einmal war ich derjenige, der vor den anderen Jungs in der Schulpause prahlen konnte.

Ich kann nicht genau sagen, ob es das außergewöhnliche Gefühl eines Orgasmus, die Anerkennung von Freunden für meine Sex-Geschichten, Selbstbestätigung oder ein vorher nie da gewesenes Gefühl von Intimität mit einer Person war. Die Folge war: Ich wollte mehr davon.

1.2 SEX – EINE GÖTTLICH GENIALE ERFINDUNG

TOBI: Ich kann Chris gut verstehen! Sex ist etwas Großartiges. Ich bin so dankbar, dass wir uns nicht einfach wie Zellen durch Zellteilung fortpflanzen, sondern Gott sich so etwas Geniales für uns ausgedacht hat. Sex ist eines der besten Dinge, die wir mit unserem Körper erleben können. Das findet Gott übrigens auch! Manchmal habe ich bei Christen allerdings den Eindruck, Sex sei für sie etwas Böses. »Darüber reden wir nicht! Vor allem nicht in der Kirche!« Seltsam ist dann aber, dass Gott in der Bibel etwas anderes darüber sagt: Sexualität und erotische Anziehung sind etwas Wunderbares!

Bereits im allerersten Kapitel der Bibel können wir nachlesen, wie Gott Mann und Frau erschuf. – Achtung! Ohren zuhalten für alle prüden Spaßbremsen. – Gott erschuf damit die Sexualität und sprach auch über diesen Teil des Menschen, als er sagte: »Danach betrachtete Gott alles, was er geschaffen hatte. Und er sah, dass es **sehr gut** war« (1. Mose 1,31).

Blättern wir ein bisschen weiter: Das komplette Buch »Hohelied« im Alten Testament der Bibel ist eigentlich erotische Literatur, die die sinnliche Liebe beschreibt! Nix Bienchen und Blümchen! Eine Stelle zeigt beispielsweise, wie eine Frau Sex mit ihrem Mann hat – und zwar in der freien Natur[3] (manche Christen denken ja, die Missionarsstellung im Ehebett wäre die einzige Stellung, die Gläubigen erlaubt ist – das ist nicht der Fall!).[a] Wenn ich im Hohelied 7 lese, wie ein verliebtes Paar über die gegenseitige Anziehung ins Schwärmen kam, klingt das für mich nicht nach verschämtem Blümchensex:

> Er: »Wie schön und bezaubernd du bist, meine Liebste! Du bist mein ganzes Glück. Deine Gestalt gleicht einer hohen Dattelpalme, und deine Brüste sind wie ihre Früchte. Ich sagte mir: Ich will auf die Palme steigen und nach ihren reifen Früchten greifen. Freuen will ich mich an deinen Brüsten, die den Trauben am Weinstock gleichen. Deinen Atem will ich trinken, der wie frische Äpfel duftet.«
>
> HOHELIED 7,7-9; HFA

[a] Früher dachte ich, dass die beiden gar nicht verheiratet waren, da die HFA-Übersetzung das Wort »Freundin« benutzt. Außerdem wunderte mich, dass der Mann die Frau nachts in ihrem Haus besuchte, daher konnten sie ja noch nicht verheiratet sein. Irgendwann machte mich mein Pastor darauf aufmerksam, dass es damals das Prinzip Dating, wie wir es heute kennen, noch gar nicht gab. Außerdem hatten die Frauen wie die von König Salomo, dem Verfasser des Hohelieds, eigene Häuser, in denen sie wohnten (z. B. 1. Könige 7,8). Obwohl es gesellschaftlich damals üblich war, dass der König mehrere Frauen hatte, wird auch im Buch Hohelied schon angedeutet, dass die Partnerschaft mit einer einzigen Frau ausreichen sollte (vgl. Hohelied 6,8-9).

Mit »Palme«, die er besteigen wollte, meinte er übrigens keine Pflanze! Und es hatte nicht nur der Mann Spaß an der »Dattelpalme«. An einer anderen Stelle im Hohelied beschreibt die Frau den (nackten) Körper ihres Mannes und vergleicht seine Lippen mit Lilien, seine Arme mit Barren aus Gold, die mit Edelsteinen geschmückt sind. Seinen Leib vergleicht sie mit poliertem Elfenbein, das mit Saphiren besetzt ist. Manche Kommentatoren übersetzen, dass sein Unterleib wie ein Elefanten-Stoßzahn aus Elfenbein ist – und dann weißt du, was sie damit beschreibt.[4]

Es gibt noch einige weitere solcher Verse, doch eine Sache dürfte jetzt am Anfang dieses Buches schon klar sein: Sex ist aus Gottes Sicht etwas Wunderschönes – ein Geschenk an uns Menschen (meine Frau und ich feiern es jedes Mal, wenn wir dieses Geschenk auspacken dürfen!).

Jetzt stellt sich aber die Frage: Wenn Sex so gut ist, warum werden Jesus oder Paulus an anderen Stellen in der Bibel so ernst, wenn es um dieses Thema geht? **Weil es kaum etwas gibt, das einen derart großen Einfluss auf unseren Körper und unsere Seele hat wie Sex.**[a] Positiv, aber auch negativ. Ein falscher Umgang im Bereich Sexualität kann zerstörerische Auswirkungen haben und unser gesamtes Wesen verletzen.[b] Das musste auch Chris ziemlich schnell in seinem Leben feststellen.

1.3 SEX – JUST FOR FUN

CHRIS: Exemplarisch für meine damalige Einstellung zum Thema Sex war mein Verhältnis zu Lydia aus meinem Heimatdorf. Ich hatte sie auf einer Party kennengelernt, besuchte sie ein, zwei Mal, wir küssten uns

[a] »Lasst euch unter keinen Umständen zu sexueller Unmoral verleiten! Was immer ein Mensch für Sünden begehen mag – bei keiner Sünde versündigt er sich so unmittelbar an seinem eigenen Körper wie bei sexueller Unmoral« (1. Korinther 6,18; NGÜ).

[b] Es fällt einer Person beispielsweise meist schwerer, über sexuellen Missbrauch zu sprechen, als über körperliche Gewalt, weil sie sich bei Ersterem in einem sehr intimen Bereich verletzt fühlt.

und hatten beim dritten Treffen Sex. Über das Thema »Beziehung« hatten wir zu diesem Zeitpunkt noch kein einziges Mal geredet. Immer mal wieder fuhr ich zu ihr oder sie zu mir. Manchmal schauten wir uns einen Film an, aber meistens ging es nur um das eine. Nachdem wir miteinander geschlafen hatten, verließ ich meistens relativ schnell ihre Wohnung. Als Lydia mich nach ein paar Wochen fragte, was das eigentlich zwischen uns sei, wich ich der Frage gekonnt aus beziehungsweise antwortete einfach nicht darauf. So wurden wir »friends with benefits« und hatten Sex ohne Verpflichtungen.

Da wir offiziell kein Paar waren, hatte ich auch kein schlechtes Gewissen, wenn ich während dieser Zeit mit einer weiteren Frau schlief. So lebte ich als »moderner Single«, was zwar offiziell als ledig galt (zumindest laut meinem Facebook-Status), in der Realität aber eine Form von Polygamie war, hatte also Beziehungen mit mehreren Frauen gleichzeitig. Als mich einmal eine gute Freundin aus der Schule fragte, ob ich nicht finde, dass das falsch ist, war meine Antwort: »Ich schade doch keinem, es ist doch nur Sex!?« Ich verletzte auch wirklich niemanden. Jedenfalls nicht sichtbar. Es war stets im beidseitigen Einvernehmen, daher dachte ich, dass ich alles richtig machte. Ich hatte eine super Nacht, sie hatte eine super Nacht. Ich machte genau das, was ich aus den Medien und unserer Gesellschaft gelernt hatte. Das, was eben alle machten!

Einmal wollte eine junge Frau, nennen wir sie Sophie, bei unserem ersten Date nicht gleich mit mir schlafen. Also versuchte ich, ihr Verhalten lächerlich zu machen, indem ich sie als kindisch und unreif bezeichnete – was eine erstaunliche Wirkung zeigte. Beim zweiten Date ließ sie sich doch darauf ein. Mit etwas mehr Selbstsicherheit hätte sie sich wahrscheinlich nicht überreden lassen, aber ich nutzte ihr noch geringes Selbstwertgefühl als junge Frau intuitiv aus.

Abgesehen davon hatte ich aus meiner damaligen Sicht eine Frau nie schlecht behandelt oder zu irgendetwas gezwungen. Manchmal war ein »unkomplizierter« One-Night-Stand auch genau das, was sie wollte. Zumindest sagte sie das. Eine andere, nennen wir sie Melina, behauptete sogar, es sei ihr egal, wenn ich mit anderen schlafen würde, das sei ja meine Sache.

1.4 SEX – EIN VERGNÜGEN MIT FOLGEN

Ohne es zu merken, wurde dieses eigentlich Außergewöhnliche namens Sex allmählich gewöhnlich. Quasi eine Art Hobby, eine Freizeitbeschäftigung, die nur zum Vergnügen diente. Wozu auch sonst?

Auch wenn es mir selber zunächst nicht bewusst war, verlor ich nach und nach meine Fähigkeit, Gefühle für eine Person zu entwickeln und mich zu verlieben. Anstelle eines gesunden Selbstbewusstseins entwickelte ich Stolz und Arroganz. Freunde beschrieben mich immer häufiger als Angeber. Einige Jungs dachten aufgrund meiner Storys und Bilder auf Social Media, dass ich der glücklichste Mensch der Welt sein musste. Die Realität sah leider anders aus. Ich hatte immer öfter Momente, in denen ich mich komischerweise unzufrieden, leer oder einsam fühlte, konnte mir aber nicht genau erklären, warum. Wenn ich dann mit Lydia schlief, verbesserte sich zwar kurzfristig meine Stimmung. Aber langfristig veränderte es nichts.

Es war eine Spirale, die sich immer tiefer nach unten bohrte. Ich wollte keine Beziehung, da ich ja dann in meiner Freiheit eingeschränkt wäre. Außerdem konnte ich mir nur schwer vorstellen, den Rest meines Lebens mit nur einer einzigen Person zusammen zu sein. Irgendwann vielleicht mal, klar, aber jetzt wollte ich erst mal mein Leben auskosten! Mein erster Gedanke, wenn ich eine Frau kennenlernte, hatte eigentlich immer nur mit Sex zu tun und so gut wie nie mit dem Thema Partnerschaft. Ich war also in gewisser Weise beziehungsunfähig geworden, ohne es zu merken.

AN DER WEGGABELUNG

Eine schicksalhafte Silvesternacht sollte mein Leben im Bereich Sexualität maßgeblich verändern. Es begann damit, dass ich bei Lydia zu Besuch war und wir im Liebesrausch unverhüteten Sex hatten. War nicht schlau, ich weiß. Eine Woche später kam in mir die Befürchtung auf, dass ich eventuell eine Geschlechtskrankheit haben könnte. Ich ging zum Urologen. Der machte ein paar Tests und wollte mir ein paar Tage später Bescheid geben. So lag ich an diesem Abend allein im Bett und dachte nach: Was, wenn ich tatsächlich krank war? Was, wenn ich nie wieder Sex haben könnte?

Schon kam der nächste Gedanke: Was, wenn Lydia schwanger werden würde? Ich wusste, ein Kind würde alle meine Karrierepläne zerstören. Ich könnte wahrscheinlich nicht mal mein Studium abschließen und müsste stattdessen anfangen zu arbeiten.

Während ich so dalag und über diese Fragen nachdachte, hatte ich eine schockierende Erkenntnis. Zum ersten Mal wurde mir bewusst, wie armselig mein Leben geworden war. Frauen und Sex hatten bei mir einen viel zu hohen Stellenwert bekommen. Gleichzeitig sah ich, wie wenig wertschätzend ich mit den jungen Frauen umgegangen war. Ich bemerkte auch, wie mich mein ungesunder Stolz veränderte und ich viele meiner Kumpels vernachlässigt hatte. Doch vor allem war da dieses unbeschreibliche Gefühl von Leere. Es war die Sehnsucht nach etwas, das ich unbedingt wollte, aber je mehr ich mich danach ausstreckte, desto weiter entfernte es sich von mir. Ich erkannte zum ersten Mal meine Misere. Aber ich hatte keine Ahnung, was ich tun sollte.

1.5 ACHTUNG, ABSTURZGEFAHR!

TOBI: Eine Möglichkeit wäre gewesen, in der Bibel nachzuschlagen. Dort hätte Chris gesehen, warum er sich so leer gefühlt hat. Gottes Wort ist wie ein Spiegel, in den man hineinblickt und Antworten bekommen kann.[5] Es erklärt unter anderem, warum wir so sind, wie wir sind, und wie wir uns verhalten sollten, damit wir das volle Potenzial unseres Lebens ausschöpfen können – auch im Bereich Sex. Wir werden uns im Laufe des Buches noch einige Stellen aus der Bibel anschauen, aber so viel schon mal vorneweg: Das Spannende ist, dass die Bibel nicht sagt: »Halte dich von Sex fern« (so spaßbefreit sind wir Christen dann wohl doch nicht), sondern: »Verstehe und wertschätze Sex.«[6] Er ist etwas Gutes! In den weiteren Kapiteln des Buches werden wir noch näher darauf eingehen.

Andy Stanley, ein Pastor aus den USA, hat dieses biblische Prinzip mal folgendermaßen zusammengefasst: Gott: »Ich gebe es (Sex) der Menschheit. Als ein Geschenk. Aber ich hoffe, dass sie behutsam damit umgehen. Denn so mächtig es ist, und so zerbrechlich es ist, kann es auch zerstört werden. (...) Geht sorgsam damit um. Wenn es sorgsam behandelt und im richtigen Kontext ausgelebt wird, ist es absolut wunderschön und absolut unglaublich.«[7]

Was meint er damit?

Stell dir vor, du sitzt zum ersten Mal in einem Flugzeug. (Dieser Vergleich funktioniert jetzt nur für alle unter euch ohne Flugschein.) Überall siehst du Knöpfe und Lampen – wie faszinierend! Und nun darfst du selber ein Flugzeug fliegen! Kannst du das? Eher nicht, oder? Selbst wenn du meinst, dass du dir das zutraust, wirst du wahrscheinlich nicht weit kommen, wenn du die Gesetzmäßigkeiten eines Flugzeugs nicht kennst. Drückst du nun random auf allen Knöpfen herum, dann könnte es unter Umständen auch übel ausgehen, und du könntest andere Menschen verletzen. Was wäre also der richtige Weg? Jemanden fragen, der sich damit auskennt! Am besten sogar den Flugzeugingenieur. Er kann dich einweisen und dir zeigen, wie alles funktioniert und was er sich bei den einzelnen Prinzipien/Bauteilen gedacht hat. Machst du das nicht, wirst du wahrscheinlich niemals erleben, wie schön Fliegen sein kann, sondern eher abstürzen.

Auch die menschliche Sexualität ist laut Bibel an Gesetzmäßigkeiten und Rahmenbedingungen gekoppelt. Es wäre daher eine schlaue Idee, den »Ingenieur«, unseren Schöpfer im Himmel, zu fragen, was er sich bei dem Thema und den Anweisungen in Bezug auf Sexualität gedacht hat. Ansonsten besteht die Möglichkeit, dass unser Umgang mit Sex unser Leben negativ beeinflusst und wir nicht verstehen, wie wir in eine Freiheit kommen, die sich Gott für uns wünscht. Wenn wir uns jedoch an die Rahmenbedingungen halten, wird uns Sex dienen und mit unvorstellbarer Freude, positiver Energie und Glück beschenken. Es macht also Sinn, auch beim Thema Sex in die göttliche Bedienungsanleitung zu schauen, Gott hat nämlich nur ein Ziel für dich: dass es dir gut geht und dein Leben aufblüht! Auch im Bereich Sexualität!

REMINDER

Ich preache gern und ausführlich, das weiß jeder, der mich kennt! Aber ich steh auch auf prägnante Merksätze! In dem Fall gibt es zwei ganz klare Regeln, die du übrigens auf jeden deiner Lebensbereiche übertragen kannst:

- Gottes Prinzipien einhalten ➡ positive Auswirkungen auf dein Leben
- Gottes Prinzipien nicht einhalten ➡ negative Auswirkungen auf dein Leben

1.6 EIN JAHR LANG KEIN SEX – WIE DUMM!?

CHRIS: Ein paar Monate vor der schicksalhaften Silvesternacht, an der mir zum ersten Mal diese negativen Auswirkungen auf mein Leben bewusst geworden waren, führte ich eine Unterhaltung mit einem Mädchen auf einer christlichen Freizeit. Sie erzählte mir, dass sie und ihr Freund sich dazu entschlossen hatten, nicht vor ihrer Hochzeit miteinander zu schlafen. Sie wollten sich ihre »Intimität« für ihre Ehe aufheben.

Für mich war das damals mit Abstand das Dümmste, was ich je gehört hatte!

Ich war zwar christlich aufgewachsen und ging regelmäßig in die Kirche, aber bewusst keinen Sex vor der Ehe zu haben, hatte ich bis dahin noch nie gehört. Ich regte mich noch Tage danach darüber auf, wie sie in unserer heutigen Zeit an so etwas Altmodisches glauben konnten. Doch ein paar Monate später, an jenem Silvesterabend, als ich voller Verzweiflung im Bett lag und mich aufgrund meiner Vorgeschichte dreckig und wertlos fühlte, fiel mir wieder dieses Gespräch ein. Konnte es sein, dass Gott wirklich von mir wollte, nicht mehr einfach so mit einer Frau zu schlafen? In dieser Situation fasste ich einen total verrückten Entschluss. Ich betete: »Lieber Gott, ich werde im neuen Jahr mit keiner einzigen Frau schlafen, aber bitte lass mich keine Geschlechtskrankheit haben und Lydia nicht schwanger sein. Amen.«

TRIAL

Ein paar Tage später hatte ich mich wieder gefangen. Es gab Entwarnung vom Arzt, und auch Lydias Bauch hatte sich Wochen danach nicht verändert. Die Welt sah nicht mehr ganz so dramatisch aus, aber trotzdem wollte ich mir beweisen, dass ich meinen Körper kontrollieren und ohne Probleme zumindest eine Zeit lang auf Sex verzichten konnte.

Der erste Monat war nicht besonders schwer. Ich zwang mich, so gut es ging, allen Versuchungen aus dem Weg zu gehen, war kaum feiern und verabredete mich nicht allein mit einer Freundin. Mit der Zeit stellte sich jedoch schnell heraus, dass es eine unkluge Idee gewesen war, mir Sex zu »**verbieten**«. Es wurde immer mehr zu einem schmerzvollen, inneren Zerrissensein zwischen meiner Lust, die unbedingt wollte, und meinem Verstand, der es mir nicht erlauben wollte. Es war ein innerer Kampf, der seinen Höhepunkt fand, als ich auf der Tanzfläche mit dem Mädel im dunkelgrünen Kleid vor der Entscheidung stand, an meinem Jahresvorsatz festzuhalten oder meinem inneren Verlangen nachzugeben.

Und so stand ich nun in jener Nacht wütend und frustriert vor dem Spiegel. Allein der Gedanke, wie sie gerade mit diesem Typen aus dem Club in ihrem Bett lag, zerriss mich förmlich. Es fühlte sich wie eine Strafe an, die mir meinen Spaß verderben sollte. Die unüberhörbaren Geräusche von meinem Mitbewohner mit seinem Date nebenan machten es nur noch schlimmer. Glücklich fühlte ich mich dadurch jedenfalls nicht, und das war definitiv nicht die Freiheit, die ich mir durch eine Veränderung erhoffte.

... AND ERROR?

Es dauerte keine vier Wochen, bis ich wieder mit Lydia schlief und erneut in meinem alten Schema landete.

Doch auch wenn sich nach außen hin zunächst nichts an meinem Verhalten geändert hatte, gab es jetzt einen Unterschied. Ich begann, mich etwas genauer zu beobachten:

- Wie ging ich mit einer Frau um, und wurde sie durch mein Verhalten vielleicht verletzt?
- Welche Auswirkungen hatten meine »Friends-with-benefits«-Beziehungen?
- Und warum wollte ich eigentlich keine feste Beziehung?

Außerdem musste ich jetzt immer wieder an dieses Mädchen von der christlichen Freizeit denken. Ich konnte mir nicht einmal ein Jahr ohne Sex vorstellen; wie war es möglich, dass sie und ihr Freund das jahrelang durchzogen? Vor allem, warum sollte es sinnvoll sein, in seinem ganzen Leben mit nur einem einzigen Partner zu schlafen? Und wo sollte das bitte schön in der Bibel stehen? Meiner Ansicht nach nirgendwo. Ich hatte die Bibel zwar nie komplett gelesen, aber ich war mir ziemlich sicher, dass der Satz »Du sollst keinen Sex vor der Ehe haben« weder im Alten noch im Neuen Testament vorkam. Der Sache wollte ich auf den Grund gehen.

AUF SEX VER-
ZICHTEN?
WO SOLL DAS
IN DER BIBEL
STEHEN?
WAS DENKT
GOTT DARÜBER
?

DIE SUCHE BEGINNT

02

2.1 ZEITEN ÄNDERN SICH?

»Zeig mir mal eine Stelle in der Bibel, in der (schwarz auf weiß) drinsteht, dass man erst in der Ehe miteinander Sex haben darf!«

TOBI: Solche und ähnliche Fragen sprengen mein E-Mail-Postfach, wenn ich über das Thema Sex predige. Leider würde eine passende Bibelstelle diese Frage nicht beantworten, obwohl es sie gibt. Ich möchte dir dazu eine kritische Frage stellen: Wärst du überhaupt offen dafür, **dass Gott eine andere Ansicht vertreten könnte als du**, wenn ich dir gleich die Stellen in der Bibel zeigen würde? Das könnte nämlich passieren!

Lust auf eine kleine Zeitreise? Wir starten im Hier und Jetzt: Ich gehe mal davon aus, dass du ein westeuropäisch geprägter Mensch bist, sonst wäre dieses Buch wahrscheinlich gar nicht in deine Hände geraten. Du bezeichnest dich als modern und denkst, deine Meinungen über das Leben sind richtig und zielführend.

Lass uns mal hundert Jahre zurück ins Jahr 1921 reisen. Ich glaube, die Menschen, die sich damals modern nannten, würden sich wundern, wie du heute jemanden datest, denn diese Art und Weise gibt es erst seit ca. hundert Jahren in unserem Land. »Was?! Du triffst dich mit einer Frau, ohne vorher ihre Eltern um Erlaubnis zu fragen? Das gehört doch zum guten Ton!«, würde dir dein gleichaltriges Ich um 1921 wahrscheinlich sagen. Und wenn wir noch mal umgekehrt in die Zukunft reisen und im Jahre 2121 aufschlagen, dann würde dein Jahrgang wahrscheinlich den Kopf schütteln über viele deiner »modernen« Ansichten und sich darüber aufregen, wie du »damals« nur so über Sex denken konntest. Masterfrage: Welcher Mensch aus welcher Zeit hat die richtige Antwort darauf, was für uns bei dieser Thematik gut ist?

Meine Antwort: Der Einzige, der weiß, was wirklich gut für uns Menschen ist, ist Gott. Er war schon immer da und wird es auch immer sein. Deine aktuelle Meinung ist geprägt durch die Kultur, deine Umwelt und die Zeit, in der du lebst. Gott hingegen hat eine viel größere Perspektive auf unser Leben – schließlich hat er den Menschen und das ganze Universum geschaffen.

Wenn du bei irgendeinem Thema wirklich weiterkommen möchtest, ist es wichtig, offen dafür zu sein, dass Gott eine andere Meinung haben könnte als du.

Sonst wirst du dir jede Bibelstelle so hindrehen, wie du möchtest. Du wirst Verse, die dir nicht gefallen, einfach ignorieren oder behaupten, dass das heute nicht mehr für uns gilt. Du bastelst dir dadurch Gott wie aus einem Stück Pappe so zurecht, wie du es gerne hättest.

Wenn Gott wirklich ein lebendiger Gott ist, muss er dir und mir widersprechen dürfen. Es ist absolut unwahrscheinlich, dass Gott bei allen Themen die exakt gleiche Meinung hat wie du und ich! Dann wäre er auch ein Jasager-Gott. Wenn du also wirklich die Wahrheit und eine gute Antwort auf deine Frage herausfinden willst und nicht einfach nur deine aktuelle Meinung bestätigen möchtest, dann wirst du eine gewisse Offenheit mitbringen müssen. Das erfordert Mut und eine hundertprozentige Gewissheit, dass Gott gut ist und du ihm vertrauen kannst.[8]

Ich nehme mich da übrigens nicht aus, ich habe selber oft vorgefertigte Meinungen zu vielen Lebensbereichen. Aber wenn ich herausfinden möchte, was Gott über ein bestimmtes Thema denkt, habe ich mir angewöhnt, meine Recherche immer mit folgendem Gebet zu starten:

»Vater im Himmel, ich weiß nicht genau, wie die Antwort auf meine Frage aussieht (z. B. ob Sex vor der Ehe gut ist oder nicht), aber bitte hilf mir, die Wahrheit herauszufinden, selbst wenn sie meiner aktuellen Meinung widersprechen sollte.«

2121
2021
1921

2.2 OFFEN FÜR ANDERE MEINUNGEN?

Wir versuchen es mal anhand eines konkreten Beispiels und riskieren noch einen Blick in die Bibel. In 5. Mose 22 zum Beispiel besprach Gott mit Mose, was geschehen sollte, wenn ein Mann behauptete, dass seine Frau schon vor der Ehe Sex gehabt hatte:

> Angenommen jedoch, die Anschuldigungen des Mannes sind wahr und die Frau war tatsächlich keine Jungfrau mehr (= sie hatte schon Sex vor der Ehe). In diesem Fall sollen die Ältesten die Frau vor die Tür ihres Elternhauses bringen und die Männer der Stadt sollen sie zu Tode steinigen. Sie hat etwas Schändliches in Israel getan, weil sie sich im Haus ihres Vaters (= in ihrer Jugend) wie eine Hure verhalten (wörtlich: Unzucht)[a] hat. Auf diese Weise sollt ihr das Böse aus eurer Mitte entfernen.
>
> 5. MOSE 22,20-22; VGL. 3. MOSE 21,13-15

CHRIS: Booooaaaahhh, voll frauenfeindlich!!!

TOBI: Nur wenn du diese Stelle aus dem Kontext reißt. Lies das komplette Kapitel, und du wirst feststellen, dass es sich hier um eines der ersten Gesetze zum Schutz einer Frau vor Verleumdung handelt! Generell siehst du in der Bibel immer wieder, wie Gott damalige gesellschaftliche Normen durchbrach und den Menschen Anordnungen zum Schutz, zur Wertschätzung und zur Gleichwertigkeit einer Frau gab. Doch das ist noch mal ein anderes Thema. Du siehst hier allerdings sehr klar, dass Gott nicht nur die Frau, sondern auch die Einheit von Frau und Mann schützen wollte:

---

[a] Das hebräische Wort für »wie eine Hure verhalten/Hurerei« ist zanah. Die Schlachter-Bibel übersetzt es mit »Unzucht«. In Johannes 8,41; ELB warnt Jesus vor Unzucht. Im Griechischen steht dort porneia, was mit »Hurerei« übersetzt wird. D. h., an dieser Stelle können wir sehr deutlich sehen, dass sexuelle Unmoral Sex vor der Ehe miteinschließt.

Wenn eine Frau (oder ein Mann)[9] außerhalb der Ehe mit jemand anderem Sex hatte, drohte der Person daraufhin das Todesurteil.

CHRIS: »Ja gut, das ist doch das Alte Testament! Solche Todesstrafen gelten doch für uns heute nicht mehr?«

TOBI: Ja, zum Glück gibt es seit 2 000 Jahren eine Veränderung, wer diese Strafen für uns trägt![b] Aber wirf trotzdem mal einen Blick in den zweiten Teil der Bibel, das Neue Testament, und du wirst sehen, dass sich auch dort an dem Kernprinzip »Kein Sex außerhalb der Ehe« nichts verändert hat. Stellen wie die folgende überlesen wir zwar schnell, beim genauen Hinschauen merken wir aber, dass für die Leute damals völlig klar war, dass sie vor der Ehe keinen Sex haben sollten:

> Zu den Unverheirateten und Witwen sage ich: Es ist gut, wenn sie so bleiben wie ich. Wenn sie aber **nicht enthaltsam leben können**, sollen sie heiraten. Es ist nämlich besser zu heiraten, als sich in Begierde zu verzehren.
>
> 1. KORINTHER 7,8; EÜ

Paulus war ein Mann der klaren Worte. Er gab den Zuhörern zwei Optionen: Entweder sie blieben genau wie er ein Leben lang Single und hatten keinen Sex (»Lebt enthaltsam«) oder sie heirateten und hatten dann Sex im Rahmen der Ehe. Eine dritte Option – Sex ohne oder vor der Heirat – gab es nicht.[10] Lies dir die Stelle in Ruhe noch mal durch.

Gott liebt uns. Wenn er der Meinung ist, dass er uns etwas verbieten möchte, dann nur aus einem Grund: um uns vor etwas zu schützen. Wir verstehen (noch) nicht, warum, aber es wird immer mal wieder Themen geben, bei denen er einfach einen größeren Weitblick hat als du und ich.

---

[b] »Doch er wurde blutig geschlagen, weil wir Gott die Treue gebrochen hatten; wegen unserer Sünden wurde er durchbohrt. Er wurde für uns bestraft – und wir? Wir haben nun Frieden mit Gott! Durch seine Wunden sind wir geheilt.« (Jesaja 53,5; HFA).

BIN ICH OFFEN DAFÜR, DASS GOTT EINE ANDERE SICHTWEISE HABEN KÖNNTE ALS ICH?

JA! ABER!

CHRIS: Selbst Bibelstellen wie diese haben mich damals nicht überzeugt. Ich war der Meinung, dass dort etwas anderes gemeint sein musste. Außerdem war das doch Paulus. Der übertrieb meiner Meinung nach sowieso an manchen Stellen! Ich hatte inzwischen selber angefangen zu recherchieren und hatte viele gute Argumente für meine Sichtweise. Hier ist ein kleiner Auszug:

Vor 2000 bis 3000 Jahren gab es kaum Möglichkeiten zur Verhütung! Den Menschen damals zu empfehlen, mit niemand anderem außer ihren Ehepartnern zu schlafen, machte natürlich Sinn und rettete ihnen wahrscheinlich sogar ihr Leben. Geschlechtskrankheiten hätten sich sonst unkontrollierbar verbreitet, und unzählige ungewollte Schwangerschaften hätten stattgefunden. Außerdem war es kaum möglich, vor der Ehe mit jemandem zu schlafen, da normalerweise bereits Jugendliche von den Eltern verlobt und recht früh verheiratet wurden. Diesen Menschen zu raten, auf Sex zu verzichten, bis sie mit ca. achtzehn Jahren heirateten, machte völlig Sinn und dürfte für den jungen Teil der Gesellschaft auch kein großes Problem gewesen sein.[11] Heute heiraten wir aber irgendwann mit dreißig Jahren. So viele Jahre zu warten und damit ein menschliches Verlangen zu unterdrücken, kann doch nicht gesund sein!? Die Zeit und die Kultur haben sich verändert! Paulus wusste damals nichts von Kondomen. Wir können das also nicht so wörtlich auf heute übertragen.

TOBI: Falls ungewollte Schwangerschaften oder Geschlechtskrankheiten die Hauptgründe gegen Sex vor der Ehe gewesen sind, dürften wir diesen Stellen in der Bibel tatsächlich keine Beachtung mehr schenken. Demnach würden Millionen von Menschen, die heute aus religiösen Gründen keinen Sex außerhalb der Ehe haben, einer Lehre folgen, die in unserer Gesellschaft nicht mehr zeitgemäß ist. Aber Gott ist immer zeitgemäß, denn die Bibel wurde nicht nur für Menschen zu Zeiten von Mose oder Jesus geschrieben. Nein! Er hat damals schon an dich gedacht, als er den Menschen seine Prinzipien weitergegeben hat. Er kennt auch die Bevölkerung, die in tausend Jahren diese Welt prägen wird. Deshalb – Trommelwirbel! – kommt vielleicht für dich die erste Überraschung: Die Bibel spricht an keiner einzigen Stelle davon, dass ungewollte Schwangerschaften oder Geschlechtskrankheiten der Grund gegen Sex vor der Ehe sind! Es geht um viel mehr. Es geht um Prinzipien, die heute kaum mehr jemand kennt, die verschüttet sind von unseren kulturell geprägten Ansichten, aber sie sind da und nach wie vor brandaktuell.

Ich werde versuchen, dir die drei wichtigsten Prinzipien zu erklären. Manches aus biblischer und anderes aus naturwissenschaftlicher Sicht. Bist du noch dabei? Vielleicht sogar neugierig geworden, was da noch kommt? Skeptisch so wie Chris? Was auch immer es bei dir ist, ich lade dich ein, mit mir tiefer in das Thema einzutauchen.

GÖTTLICHES PRINZIP – BINDUNG

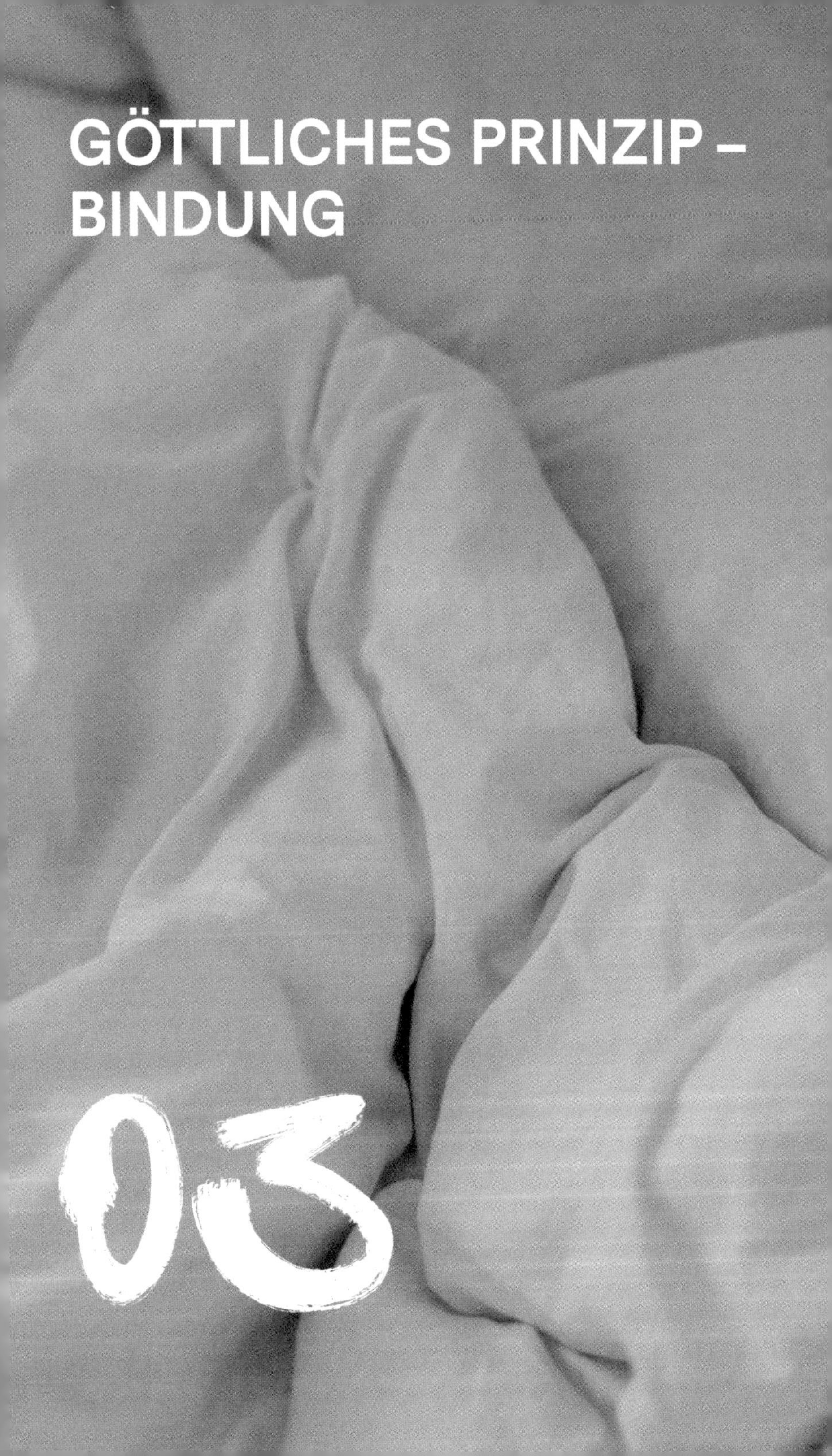

03

3.1 BIST DU BINDUNGSFÄHIG?

TOBI: »Herr Teichen, Sie sind doch gegen Wissenschaft?«, fragen mich oft Besucher nach einer Predigt. »Warum?«, entgegne ich ihnen dann: »Ich liebe die Wissenschaft! By the way, ich war früher sogar Physiklehrer.« Dann kommt gern: »Ja gut, aber jetzt sind Sie ja Pastor, und das passt doch nicht zusammen!« Meiner Meinung nach passt das aber sehr wohl zusammen. Theologie und Wissenschaft schließen sich nicht aus, ich finde, sie ergänzen sich sogar.[12]

Genau das zeige ich dir am Beispiel Sexualität. Wir werden uns jetzt von zwei Seiten diesem Thema nähern und wissenschaftliche Erkenntnisse aus der Biologie mit biblischen Prinzipien kombinieren (keine Angst, ich lasse den Lehrer in der Schublade).

Stell dir mal die Anziehungskraft von zwei ganz starken Magneten vor. Du kannst sie nicht sehen, und doch ist sie echt. Ähnlich wie bei solchen Magneten gibt es auch bei Menschen natürliche, nicht sichtbare Vorgänge, weshalb sich zwei Personen anziehen, damit eine Beziehung entstehen kann.[13]

Weißt du, welche die stärkste Beziehung zwischen zwei Menschen ist? Die Mutter-Säugling-Beziehung. Die ist tatsächlich noch enger als die Beziehung zwischen dem Vater und dem Baby. Aber nicht, weil wir Männer herzloser sind und lieber Fußball schauen, als Windeln zu wechseln. Nein, einer der wichtigsten Gründe, weshalb zwischen Mutter und Baby eine so starke Verbindung besteht, ist folgender: Sowohl bei der Geburt als auch beim Stillen werden große Mengen eines Hormons namens Oxytocin ausgeschüttet, das ebendiese feste Verbindung unterstützt.[14]

Oxytocin wird in unserem Gehirn von sogenannten Rezeptoren (= Empfängern) aufgenommen. Dadurch entsteht in unserem Kopf eine Erinnerung an die Person, mit der wir so eine enge Verbindung haben. Die Auswirkung dieses Hormons konnte man in einem erstaunlichen Versuch zeigen: Normalerweise kümmert sich ein Mutterschaf intensiv um seinen eigenen Säugling, wohingegen es fremde Lämmchen ignoriert. Als aber in dem Versuch einem Mutterschaf Oxytocin gespritzt wurde, während es mit einem fremden Lämmchen zusammengebracht wurde, ignorierte es das Lamm plötzlich nicht mehr, sondern begann, es wie ein eigenes Kind aufzuziehen.[15] Hormone können also eine große Auswirkung haben.

»Okay, Tobi! Babys, Stillen, Lämmer. Was hat das bitte mit dem Thema Sex zu tun?«, fragst du dich.

Ganz einfach: **Oxytocin wird in großen Mengen nicht nur beim Stillen oder bei der Geburt, sondern auch beim Sex ausgeschüttet.**[16] Es ist ein Teil eines sehr komplexen Systems, das dazu beiträgt, dass beim Sex eine besondere Art der Erinnerung an den Partner entsteht. Und da kommen nun auch wir Männer ins Spiel, denn auch wir schütten Bindungshormone beim Geschlechtsverkehr aus, die automatisch und unsichtbar ein Gefühl von Hingezogenheit erzeugen.[a]

ÜBERZEUGT MICH NICHT!

CHRIS: Als ich diese neurowissenschaftlichen Zusammenhänge zum ersten Mal hörte, ging ich in meinem Kopf die Frauen durch, mit denen ich schon geschlafen hatte. Bei ein bis zwei Personen fiel mir tatsächlich auf, dass ich immer mal wieder an sie denken musste. Lydia zum Beispiel, von der ich vorhin erzählt habe. Aber was war mit den anderen? Was war mit denen, mit denen ich nur einmal Sex gehabt hatte?

Der naturwissenschaftliche Blick in die Vorgänge unseres Körpers sah zwar logisch aus, aber ich konnte die Schlussfolgerung, dass ich beim Sex eine Bindung aufbaue, für mein Leben zunächst nicht bestätigen. Auch wenn ich die Anzahl der Mädchen, mit denen ich geschlafen hatte, an zwei Händen abzählen konnte, dauerte es erst mal ein bisschen, bis ich genau sagen konnte, wer genau es gewesen war und wie die Mädchen genau ausgesehen hatten. Vielleicht lag es an meinem schlechten Gedächtnis, aber ich hatte die Personen teilweise schon jahrelang nicht mehr gesehen und daher auch keine lebhafte Erinnerung mehr an sie. Wenn ich mich nicht mal mehr genau an sie erinnern konnte, warum sollte ich dann eine Verbindung mit ihnen aufgebaut haben?

---

[a] Bei Frauen spielt Oxytocin eine größere Rolle, bei Männern dominiert ein Hormon namens Vasopressin, das jedoch sehr ähnlich funktioniert. Diese Stoffe geraten nicht nur in den Blutkreislauf, sondern auch in die Regionen des Gehirns, die für emotionales und soziales Verhalten verantwortlich sind. Insbesondere der Aufbau von Vertrauen, Reduzierung von Stress, Lösen von Ängsten, emotionale Kompetenz, gegenseitige Anziehung und letztlich eine Steigerung der Bindungsfähigkeit sind Auswirkungen dieser Hormone.

Außerdem gab es noch eine andere Sache, die mich zweifeln ließ: Als ich etwas recherchierte, stieß ich auch auf Untersuchungen, die zeigten, dass Oxytocin bereits beim Küssen oder bei einer angenehmen Berührung wie einer Massage freigesetzt wird. Hätte ich laut dem »Bindungsprinzip« dann nicht auch eine Verbindung zu jeder Person, die ich jemals angenehm an bestimmten Stellen berührt hatte?

DIE MENGE MACHT'S!

TOBI: Es geht vor allem um die Art und die Menge des Kontaktes: Natürlich kann eine Bindung zu einer Person, mit der du jahrelang in einer Beziehung warst, auch ohne Sex stärker sein als zu einer Frau (oder einem Mann), mit der (oder dem) du einen einmaligen One-Night-Stand hattest. Sex hat aber eine deutlich größere Auswirkung als ein Handschlag, ein Kuss oder eine Massage.[17]

Es gibt neben Oxytocin noch einige weitere Hormone, die einen Einfluss auf unsere gegenseitige Anziehung haben, z. B. Vasopressin oder Dopamin (D2).[18] Auch unsere Seele spielt hier eine große Rolle.[19] Doch allein auf der körperlichen Ebene kommt ein ganzer Hormoncocktail ins Spiel, ein erstaunliches System bestehend aus diversen Mechanismen, die den Bindungsaufbau bei Menschen untereinander verstärken.[20] Damit ich an dieser Stelle nicht doch in die Zeit der pädagogischen Fachkraft für Physik zurückfalle, verweise ich einfach auf unzählige Untersuchungen zu diesem Thema, von denen du viele in den Quellen am Ende des Buches selber nachlesen kannst.[18]

CHRIS: Ich habe viele Artikel aus diesem Bereich gelesen, fand sie interessant, aber all diese Informationen konnten mich zunächst nicht überzeugen. Eines Tages besuchte mich Sophia für eine Woche in München. Sie fragte, ob sie übergangsweise auf meinem Sofa übernachten könne, da sie zwei Job-Interviews hatte. Zu dieser Zeit hatte ich bereits einen neuen Anlauf unternommen und seit mehreren Monaten mit niemandem mehr geschlafen. Da ich sie bereits seit Jahren nicht mehr gesehen hatte, machte ich mir keine Sorgen, dass es mir schwerfallen würde, zu widerstehen. Da hatte ich mich jedoch getäuscht.

Es wurde die herausforderndste Zeit seit dem Start meines Selbstversuches. Sie den ganzen Tag zu sehen, ihr Parfüm zu riechen und sie andauernd in meiner Nähe zu haben, war einerseits das, was ich wollte, auf der anderen Seite kämpfte ich jedoch dagegen an. Ich musste mich zwingen, sie nicht zu berühren, wenn wir nah beieinander in der Küche standen. Ich hatte mit ihr zwar schon im Vorhinein offen über meine neue Einstellung zum Thema Sex gesprochen, allerdings merkte jede Zimmerpflanze an unseren Blicken, dass wir beide bereits eine vertraute Nähe hatten.

Als wir dann am dritten Tag beim Filmeschauen gemeinsam auf dem Sofa lagen, war unser Verlangen kaum mehr auszuhalten. Wir begannen uns zu streicheln, und ich kämpfte innerlich mit mir. Mir schossen wieder Tausende Gedanken durch den Kopf: »Chris, was machst du? Sie will das doch auch! Warum wehrst du dich gegen dein natürliches Verlangen, mit einer Frau zu schlafen?« Nur im allerletzten Moment schaffte ich es, mit einem Satz von dem Sofa aufzustehen und auf mein eigenes Bett zu wechseln.

Als ich am nächsten Morgen aufwachte, blieb ich grübelnd im Bett liegen. In dieser Situation fiel mir der Besuch einer Freundin aus Sydney ein, die nur wenige Wochen zuvor während der Oktoberfestzeit ebenfalls bei mir gewohnt hatte. Bei ihr verlief die Woche völlig anders. Sie war ebenfalls sehr attraktiv, aber ich hatte noch nie mit ihr geschlafen. Doch obwohl sie fast jede Nacht mit mir betrunken vom Oktoberfest nach Hause lief und im gleichen Zimmer schlief, fiel es mir erheblich leichter, nicht zu versuchen, mich an sie ranzumachen. Wir hatten eine sehr coole Woche. Ich konnte die junge Frau aus Sydney einfach als gute Freundin wertschätzen und die Zeit mit ihr genießen, ohne in diesem Ausmaß mit meiner eigenen Lust kämpfen zu müssen. Warum verlief das dieses Mal so anders? Hatte das etwas mit den Bindungsvorgängen durch Hormone aufgrund der vergangenen sexuellen Beziehung mit Sophia zu tun? Hatten Hormone wie Oxytocin, Vasopressin und Co. in meinem Leben größere Spuren hinterlassen, als ich bisher vermutet hatte?

Ich gebe zu, dass ich spätestens nach diesen beiden Besuchen merkte, dass es sehr wohl eine Auswirkung auf eine Beziehung zu einem Menschen hat, wenn wir schon miteinander geschlafen haben. Diese Bindung mit einer Person, die durch diverse Hormone entsteht, veränderte etwas in mir.

DREI SIND EINE(R) ZU VIEL

TOBI: Es gibt verheiratete Paare, die davon berichten, dass sie auch in der Ehe noch Auswirkungen einer »Bindung« mit ehemaligen Sexpartnern bemerken. Während sie neben ihrer Ehefrau oder ihrem Ehemann liegen, kommen plötzlich Bilder in ihren Kopf, wie sie damals mit einer bestimmten Person Sex hatten. Dieses Phänomen nennt die Paartherapie »das überfüllte Ehebett«. Solche extrem intimen Momente aus der Vergangenheit sind nur sehr schwer wieder aus dem Gehirn zu bekommen, und sie stören!!! Es ist nicht das Optimum, das du dir für deine Ehe wünschst, nicht das, was euch helfen wird, dass eure Sexualität vollständig aufblüht.

DER PHYSIKLEHRER LÄSST DEN PASTOR VOR

Interessanterweise kannte Paulus das Prinzip der Bindung auch schon vor 2000 Jahren:

> Oder wisst ihr nicht, dass ein Mann, der mit einer Prostituierten verkehrt, mit ihr eins wird? Denn in der Schrift heißt es: »Die beiden werden zu einer Einheit.«
>
> (1. KORINTHER 6,16)

Heutzutage ist Geschlechtsverkehr mit einer Prostituierten moralisch fragwürdig, weil sie Geld dafür bekommt (vom Menschenhandel mal ganz abgesehen). Aber das ist nicht Paulus' Kritikpunkt an dieser Stelle. Die Gründe, weshalb der Apostel hier vor Sex außerhalb der Ehe warnte, waren auch keine Geschlechtskrankheiten oder ungewollten Schwangerschaften! Es gibt einige Theologen, die in ihren Vorträgen behaupten, dass man all diese Prinzipien, die Gott den Menschen früher gegeben hat, aufgrund des kulturellen Kontextes nicht auf heute übertragen kann. Schließlich war das ja eine ganz andere Zeit (früheres Heiratsalter, dominierendes Patriarchat, Polygamie, keine Verhütungsmöglichkeiten usw.). Das ist alles richtig, aber Paulus erwähnte nichts davon! Der Grund, weshalb Paulus vor willkürlichem Sex warnte, ist unter anderem diese ungewollte Bindung, die zwischen den beiden Sexpartnern entsteht. Und das hat sich bis heute nicht verändert![a]

Jetzt sagst du vielleicht: »Das ist ja voll übertrieben!«

---

[a] Die beiden werden zu einer Einheit. Der Mensch besteht nicht nur aus rein physischer Materie, sondern auch aus Seele bzw. Geist (vgl. 1. Mose 2,7). Wenn dieser Mensch mit einem anderen Menschen zu einer Einheit werden soll, wäre das demnach sowohl körperlich als auch seelisch. Wenn Paulus hier nur von einer physischen, also körperlichen Verbindung sprechen würde, würde seine Aussage wenig Sinn ergeben und ungefähr so klingen: »Weißt du denn nicht, dass du eine physische Verbindung mit einer Frau hast, wenn du mit ihr eine physische Verbindung eingehst?«

Nein, nicht übertrieben. Das passiert wirklich! Völlig egal, ob käuflicher Sex, One-Night-Stand oder außereheliche Beziehung. Schläfst du mit dem Mädel oder dem Typen aus dem Club oder aus dem Urlaub, kann dein Antrieb sein: Ich will einfach Sex (also: eine rein körperliche »Ver-Bindung«, aber nicht unbedingt eine persönliche). Du willst das Körperliche vom Persönlichen bzw. Seelischen trennen. Das geht aber laut Paulus nicht, denn du bindest dich beim Sex eben nicht nur körperlich, sondern automatisch auch emotional an eine Person – ob du es willst oder nicht. Ein Grund dafür sind eben Hormone wie Oxytocin, und die gehören nun mal zu unserem menschlichen Design, welches Gott sich für uns ausgedacht hat.

Q&A 4 –
Die Männer in der Bibel hatten doch auch mehrere Frauen?

IRGENDWAS IST ANDERS

CHRIS: Ich muss heute zugeben, ich habe lange immer mal wieder versucht, eine ganz normale Freundschaft mit einer Frau aufzubauen, mit der ich bereits Sex hatte. Aber egal, was ich probierte – selbst wenn ich nur einmal mit ihr geschlafen hatte, war unsere Beziehung danach einfach anders.

ACTIONSTEP

TOBI: Wie ist das bei dir, wenn du das hier liest? Geh mal kurz in deinem Kopf deine vergangenen Sexpartner bzw. Sexpartnerinnen durch, falls du welche hattest. Hat sich etwas in der Beziehung zu einer Person verändert, als du mit ihr geschlafen hast?

3.2 AUS ZWEI MACH EINS!

TOBI: Wir Menschen haben also die Fähigkeit bekommen, eine Bindung aufzubauen. Aber warum? Was war das höhere Ziel dabei? Ich meine, es hat ja auch Nachteile: Wir kleben in alten Beziehungen fest, können eigentlich Sex und Bindung nicht trennen. Das klingt alles irgendwie ein bisschen anstrengend.

Die Bibel sieht das anders, sie sagt: Es lohnt sich! Bindungsfähigkeit ist ein mega Geschenk Gottes – und das Upgrade ist: Aus zwei eigenständigen Menschen kann eine Einheit entstehen. Das erklärt,

> (...) warum ein Mann seinen Vater und seine Mutter verlässt und sich an seine Frau bindet und die beiden zu **einer Einheit**[21] werden. Adam und seine Frau waren beide nackt, aber sie schämten sich nicht.
>
> 1. MOSE 2,24-25; NLB

Wir Menschen haben die Möglichkeit, diese besondere Einheit (körperlich, seelisch und geistig) erfahren zu können. Das ist ein Wunder, etwas Großartiges und herausfordernd zugleich. Sich an seine Frau oder seinen Mann zu binden (Vers 24), bedeutet, ihr oder ihm so nahe zu sein, dass wir wie zu einer Einheit werden.[22] Ich kann das aus eigener Erfahrung bestätigen, denn mittlerweile bin ich schon zwanzig Jahre mit Frauke verheiratet und kann verstehen, was die Bibel mit dieser körperlichen und seelischen Verbundenheit[23] meint. Wenn wir wirklich beides leben und daran arbeiten, ermöglicht es eine sonst nicht erreichbare Intimität.

Aber was heißt das ganz praktisch?

Körperlich zu einer Einheit zu werden, kannst du dir bildlich wahrscheinlich leicht vorstellen: Beide Personen ziehen sich aus, machen sich nackig und werden eins – also haben Sex!

Kopfkino wieder aus, gehen wir zur seelischen Einheit:

Seelisch eins werden ist mehr, als nur ein paar Geheimnisse über sich zu verraten: Vollständig nackt machst du dich erst beim Eheversprechen, indem du öffentlich bekannt gibst: Ich verpflichte mich als Mann, meine Frau den Rest meines Lebens zu lieben und mit diesem Versprechen alle anderen weiblichen »Optionen« in der Zukunft aufzugeben. Du machst dich damit seelisch nackt und lässt sozusagen deine Hosen runter. Gleichzeitig gibst du dich deiner Frau oder deinem Mann vollständig hin.[24] Persönlich, ökonomisch, körperlich – ein Leben lang.

CHRIS: Klingt ja theoretisch ganz gut, aber trotz dieses Prinzips vom »Einswerden« hatte ich meine Zweifel. Ich sah all die Scheidungen (von wegen ein Leben lang!) und wie sehr Menschen in ihren Beziehungen kämpfen mussten. In einer renommierten Zeitung stieß ich auf einen Artikel zum Thema Monogamie (lebenslanges Zusammenbleiben) mit der Überschrift »Die große Lüge«. Der Artikel, der unter anderem auch von einer Familienberatungsseite veröffentlicht wurde, behauptete, dass sexuelle Treue (bei Menschen) im umfassenden Sinn unmöglich sei. Die Autorin forderte deswegen, dass Fremdgehen in unserer Kultur akzeptiert werden soll. Ein Blick in unsere heutige Gesellschaft bekräftigt ihre These: Jedes zweite Ehepaar in Deutschland ist inzwischen geschieden. Kann es sein, dass ein lebenslanges Zusammensein unnatürlich ist? In der Natur wechseln viele Tiere doch auch immer wieder den Partner!

VON TREUEN UND UNTREUEN MÄUSEN

TOBI: Menschen, die solche Argumente wie Chris bringen, fragen mich gern: »Tobi, schau dir doch mal die Reportagen auf Discovery Channel an: Die Tiere vögeln doch auch alle wild durch die Gegend. Warum sollte das bei uns Menschen anders sein? Gott hat uns Menschen doch genauso geschaffen!?«

Dann scheine ich ein unnatürliches Leben zu führen, ich mache das nämlich nicht. Bin ich jetzt ein komischer Exot, der ins Museum muss? Ich hole noch mal den Naturwissenschaftler raus und möchte dir zeigen, wie sehr sich auch in diesem Themenbereich Theologie und Biologie ergänzen.

Zunächst mal haben Säugetiere zum Teil völlig unterschiedliche Beziehungsverhalten. Im Allgemeinen kann man sie jedoch in zwei Kategorien einteilen: Ungefähr 97 Prozent der Säugetiere leben weitestgehend polygam (also eine Mehrehe). Das heißt, sie haben Sex mit vielen verschiedenen Partnern.[25] Die anderen drei Prozent (z. B. Wölfe oder der europäische Biber) leben hauptsächlich monogam (also eine Einzelehe), haben also in ihrem ganzen Leben meist nur einen einzigen Partner.[26] Es gab mal einen einsamen Schwan in Münster, der keinen Partner fand und sich in ein Tretboot verliebte. Er blieb dem Boot sein ganzes Leben lang treu! Wäre jetzt nichts für mich, aber gut, jedem das Seine. Aber zurück zum Thema: Eines der bekanntesten Beispiele für diesen unterschiedlichen Lebensstil sind die Untersuchungen von monogamen Präriewühlmäusen und der polygamen Rocky-Mountains-Wühlmaus.

Die polygame Maus wechselt andauernd ihren Sexpartner und zeugt Nachkommen mit vielen anderen Mäusen ihrer Art. Sie lebt genau wie einige Tiere im Discovery Channel: Wer nicht bei drei auf dem Baum ist, wird begattet – wie in einem riesigen Mäuse-Swingerclub!

Die monogame Maus hingegen hat mit ihrem Partner Sex und lebt mit ihm danach den Rest des gemeinsamen Lebens in einer Partnerschaft. Sie ziehen ihre Jungen zusammen auf, verteidigen als Team ihr Revier und liebkosen sich regelmäßig. Wie schafft diese Mäuseart das? Es gibt ja wahrscheinlich keine Mäuse-Moralpolizei, die monogamen Bergmäusen auf die Finger schaut. Der wesentliche Unterschied zwischen den beiden Mäusearten ist: Die monogame Maus besitzt im Gegensatz zur polygamen Maus eine deutlich höhere Dichte an sogenannten Oxytocin-Rezeptoren (= Empfänger) in bestimmten Regionen des Gehirns, die für emotionales und soziales Verhalten verantwortlich sind.[27] Das ist einer der Gründe, warum sie sich so stark an einen Partner bindet. [28] Die polygame Maus hingegen kann von einem Sexpartner zum anderen springen, ohne dabei starke Bindungen aufzubauen. Auch hier sind es wieder die Hormone, die bei der polygamen Maus anders ausgeprägt sind.

Was passiert aber, wenn man der treuen Maus die Hormone entzieht? Das haben die Forscher ausprobiert: Sie spritzten der monogamen Maus ein Mittel, das die Wirkung von Oxytocin aufhob. Die Folge: Aus war es mit der Treue, und die Maus begann – genau wie ihr polygamer Artgenosse – sich plötzlich mit verschiedenen Partnern zu paaren.[29] Die hohe Dichte der Oxytocin-Rezeptoren an den bestimmten Regionen des Gehirns in Kombination mit einigen weiteren ganz besonderen Eigenschaften (z. B. D2-Rezeptoren[30] oder Vasopressin[31]) ist also ein wichtiger Unterschied zwischen monogamem und polygamem Säugetier.

»Okaaaaay, Tobi, – Was hat das jetzt mit mir zu tun?«

Der Mensch ist im Vergleich zu den Mäusen natürlich deutlich komplexer aufgebaut, hat aber genau wie die monogame Maus eine hohe Dichte an Oxytocin- und Vasopressin-Rezeptoren, ist mit D2-Rezeptoren ausgestattet usw.[32] **Wie bereits gesagt: Es gibt noch viele weitere Faktoren, die beim Menschen diesen Bindungsprozess prägen. Fakt ist: Der Mensch besitzt Mechanismen zum Aufbau einer Bindung, unterscheidet sich damit übrigens von sehr ähnlichen Säugetieren wie z. B. dem Schimpansen, und gehört deshalb zu den monogamen Säugetieren – auch heute noch. Zusammengefasst: Wir Menschen haben im Vergleich zu vielen anderen Säugetieren biologisch gesehen die körperliche Ausstattung für eine lebenslange Partnerschaft.**

Q&A 5 – Es ist doch wichtig, in einer Beziehung auch körperlich eine Bindung aufzubauen, oder?

WARUM ERST HEIRATEN
#1 – DIE GRÖSSTMÖGLICHE EINHEIT

Wir Menschen besitzen nicht nur Mechanismen, um eine Bindung mit einer Person einzugehen, wir haben auch tief in uns den Wunsch nach Nähe, nach Geborgenheit und nach Intimität. Wir wünschen uns, geliebt und mit einem Partner eine Einheit zu werden. **Die größtmögliche Form** eines solchen Verbundenseins und der Einheit ist die Ehe. Wir geben unser altes Ich auf, damit etwas Neues entstehen kann. So passen wir unseren Alltag an eine andere Person an, bekommen einen gemeinsamen Namen, eine gemeinsame Wohnung, eine gemeinsame Familie – wir treffen gemeinsam Entscheidungen und haben eine gemeinsame Zukunft. **Sich durch den Ehebund persönlich und körperlich nackt zu machen, führt zu einer maximal tiefen Einheit.**

3.3 VERWUNDBAR DURCH ZWEISAMKEIT

CHRIS: Tobis Einblicke in die Biologie ergaben Sinn, aber trotzdem habe ich nicht verstanden, warum ich nicht einfach so eine Einheit mit jemandem werden kann? Kann ich dem anderen nicht auch einfach in einer Beziehung sehr nahe sein? Also mich körperlich und seelisch nackt machen? Wo ist das Problem?

TOBI: Durch das persönliche und körperliche Nacktmachen machst du dich der anderen Person gegenüber sehr verwundbar. Hier ist der Grund: Wenn wir verliebt sind bzw. mit jemandem schlafen und dadurch Oxytocin und Co. aktiv sind, ist unser Gehirn aufgrund der ausgeschütteten Hormone besonders plastisch, also (ver)formbar. Klingt erst mal komisch, **ist aber wichtig, da wir uns so dem neuen Partner und dem neuen Lebensstil einer zukünftigen Partnerschaft leichter anpassen können**[33] (ansonsten hätte ich es nie geschafft, mit meiner Frau länger als zehn Minuten shoppen zu gehen).

Das ist ein hervorragender Mechanismus, hat aber auch eine gefährliche Konsequenz, wie Norman Doidge, ein kanadischer Psychiater, erklärt: »(...) er kann uns auch verwundbarer machen: Wenn sich selbstsichere junge Männer und Frauen in einen Menschen verlieben, der sie herabwürdigt und manipuliert, werden sie oft plötzlich von Selbstzweifeln geplagt, von denen sie sich erst nach Jahren wieder erholen.«[34]

In anderen Worten: Wenn die Person, die du an dich »ranlässt«, keine vertrauenswürdige Person ist, die du über längere Zeit kennengelernt hast und ihren Charakter prüfen konntest, dann besteht ein hohes Risiko, dass dein »Ranlassen« negative Auswirkungen haben wird. In diesem Fall kann Sex zerstörerisch sein und die Kraft haben, dein tiefstes inneres Wesen zu verletzen.

Du musst dieser Person vertrauen können, dass sie auf lange Sicht gut mit dir umgeht. Dass sie dich nicht nur be- oder ausnutzt, um ihre eigenen Bedürfnisse zu befriedigen. Es gibt keinen anderen Bereich, bei dem ein falscher Umgang so viele schwere »Narben«, also lang anhaltende seelische Schäden, bei dir oder durch dich auslösen kann. Damit wir also diese einzigartige Intimität genießen können, obwohl wir darin so verwundbar sind, brauchen wir Sicherheit.

WARUM ERST HEIRATEN #2 – DIE GRÖSSTMÖGLICHE SICHERHEIT

Sich gegenseitig nackt zu machen – sowohl persönlich als auch körperlich – bedeutet, sich verwundbar zu machen. Die **größtmögliche Sicherheit** vor Verletzungen – bei uns Menschen, die wir von Natur aus fehlerhaft sind – ist ein Bund, bei dem wir uns beidseitig, vor Gott, öffentlich und mit rechtlichen Folgen versprechen, den Rest unseres Lebens mit der anderen Person zusammen zu verbringen und uns stets zu bemühen, liebevoll mit dem anderen umzugehen. Das gibt eine besondere Sicherheit und Gewissheit, dass unser Partner uns nicht verlassen wird, sobald er jemand Besseres gefunden hat, wir krank werden, im Leben scheitern oder einfach alt werden und damit nicht mehr so schön sind wie früher.

So entsteht durch den Ehebund eine Schutzmauer, hinter der diese tiefe Geborgenheit und Vertrautheit erlebt werden kann und wir uns »nackt« machen können, ohne Angst vor Verletzung zu haben.

Q&A 1 – Ehe funktioniert doch gar nicht, oder?

3.4 TRENNUNG – ZU RISIKEN UND NEBENWIRKUNGEN LESEN SIE DIESEN ABSCHNITT

> Dann sind sie also nicht mehr zwei, sondern eins, und niemand soll sie mehr trennen, denn Gott hat sie zusammengebracht.
>
> JESUS IN MATTHÄUS 19,4-6; NLB

TOBI: Die Bedeutung von Ehe wird noch in einem anderen Aspekt sichtbar: bei der Trennung zwischen zwei Partnern. Hast du dich schon mal gefragt, warum es uns nach einer Trennung dreckig geht? Wenn unser Partner nicht gut mit uns umgegangen ist oder nicht so wirklich zu uns gepasst hat, müssten wir uns doch eigentlich freuen, ihn zu verlassen? Die Realität sieht aber oft anders aus.

Um das zu verdeutlichen, erzähle ich jetzt eine Geschichte von Ben, die du vielleicht schon mal selbst so ähnlich erlebt hast:

Das Telefon klingelt. Es ist Ben: »Yo, heute Abend gehen wir feiern!« Doch ich weiß sofort: feierlich wird das sicher nicht. Denn Ben hat sich letzte Woche nach einer zweijährigen Beziehung von seiner Freundin getrennt. Er wird sich heute im Rekordtempo volllaufen lassen und ohne Rücksicht auf Verluste alles anbaggern, was nicht bei drei auf den Bäumen ist. Es gibt im Grunde nur drei Optionen, wie so ein Abend endet.

Option A: Wegen seines Alkoholpegels und seiner daraus folgenden Aufdringlichkeit wird er keinen Erfolg haben. Was wiederum dazu führt, dass er seinen Standard so weit runterschraubt, bis er mit einer Person nach Hause geht, bei der er im nüchternen Zustand nicht mal auf die Idee gekommen wäre.

Option B: Ben baggert eine Frau an, die in einer Beziehung ist, und endet in einer Schlägerei mit ihrem Freund.

Option C: Ben trinkt schneller, als er baggern kann, und verbringt die Nacht in enger Umarmung mit der Kloschüssel. In jedem Fall kein schöner Anblick.

Als gegen Mitternacht ein Cocktailglas an meinem Kopf vorbeizischt, ist klar: Heute sollte es Option B sein. Ein Gerangel mit den Türstehern, zwei Hausverbote und ein Veilchen später sitzen wir im Taxi nach Hause. Es war nicht das erste Mal, dass ich dieses Phänomen in meinem Freundeskreis mitbekam.

Warum genau ist das bei Ben passiert?

AUF ENTZUG!

Wenn unsere Rezeptoren im Gehirn nach einer intensiven Zeit zu zweit – also Kuscheln, Küssen und insbesondere Sex – nicht mehr gefüttert werden, findet eine Art Entzug statt. So als würdest du als Kaffee-Junkie plötzlich komplett auf Koffein verzichten. Vereinfacht gesagt, drehen unsere Gefühle durch, und es entsteht unterbewusst eine Fehlermeldung: »Alarm! Alarm! Wo bleiben die körperliche Nähe und Zuneigung von meinem Partner?« Ben würde es »Ich drehe durch!« nennen. Außenstehende reden von hartem Trennungsschmerz.

Wenn es einen Beipackzettel für die Folgen von Trennungen gäbe, ständen da folgende typische Merkmale drauf: Unsicherheit, Selbstzweifel, Minderwert. »Habe ich was falsch gemacht? Bin ich nicht gut genug?« Es entsteht ein intensives Verlangen nach Anerkennung und Selbstbestätigung. Die einen posten plötzlich die schönsten Bilder von sich auf Social Media, die anderen versuchen diese Sehnsucht unter anderem auf Partys, Tinder oder Online-Singlebörsen durch neue Partner zu stillen. Besonders problematisch wird es, wenn sie dann abgewiesen werden, weil sie wie mein Kumpel Ben zu betrunken sind oder sich unüberlegt in die nächste

Beziehung stürzen. Wenn diese Beziehung dann ebenfalls scheitert, geht das Selbstwertgefühl in den Keller. Und die Minderwertigkeitsspirale dreht sich immer schneller.

PRAKTISCHER TIPP

An dieser Stelle ein kleiner Einschub, was nach meiner Erfahrung ein hilfreicher Umgang mit Freunden ist, die sich gerade getrennt haben: als guter Freund für die Person da sein und Zeit mit ihr verbringen. Nicht, um sie schnell wieder zu verkuppeln; nicht, um mit ihr über ihren Ex zu lästern – sondern, um sie daran zu erinnern, wie wertvoll sie ist.

Erinnerst du dich noch an die polygamen Tiere? Bei ihnen läuft das völlig anders, wenn sie sich trennen! Dafür musst du übrigens keine Neurowissenschaft verstehen. Schau dir mal auf einem Bauernhof ein paar Ziegen, Hühner oder Hasen an. Wenn dort ein Männchen plötzlich ein anderes Weibchen begattet, ist das der vorigen Partnerin völlig schnuppe. Sie grast einfach weiter vor sich hin. Kannst du dir vorstellen, dass dein (Ex-) Partner neben dir Sex mit deinem/r Freund/in hat, während du gemütlich eine Pizza futterst? Ich nicht!

Bei uns Menschen fließen sowohl bei Frauen als auch bei Männern Tränen, nachdem wir verlassen wurden, und der Schmerz kann bis zu lang anhaltenden Depressionen führen. Wenn eine Hasenmama hingegen von ihrem Mann verlassen wird, wird nicht eine einzige Träne über ihre Hasenbacke kullern. Sie wird zufrieden an ihrer Möhre knabbern, auch wenn ihr Roger Rabbit vor ihren Augen mit einer anderen Hasendame rammelt. Warum ist das so? Warum treten sowohl bei Hasenmännchen wie -weibchen diese Trennungsgefühle nicht auf (zumindest nicht in dem Ausmaß)?

Eigentlich ganz einfach: Da diese polygamen Tiere beim Sex nicht in der Intensität wie wir Bindungen aufbauen, entsteht bei einer Trennung eben auch keine Entzugserscheinung. Ohne Bindung keine Trennung, ohne Trennung keinen Schmerz! So können Bugs Bunny, Klopfer und Co. ohne große negative Folgen mit mehreren Partnern Sex haben – bei uns Menschen ist das anders. Wir haben Nebenwirkungen dieses Entzugs! Und die sind gar nicht so klein! Ein weiterer Aspekt, der monogam gebaute Menschen von polygamen Tieren unterscheidet.

KEIN SEX ALS ZEICHEN DER WERTSCHÄTZUNG

Es ist herausfordernd, in einer Datingphase auf Sex zu verzichten. Aber nicht sofort mit der Freundin oder dem Freund zu schlafen, kann unter anderem auch bedeuten, dass wir behutsam mit der Person umgehen möchten. Solange wir den Ehebund noch nicht eingegangen sind, ist die

Chance hoch, dass wir doch eines Tages wieder getrennte Wege gehen. Eine solche Trennung wird schmerzhafter, wenn wir in der Beziehung regelmäßig Sex hatten. Ich glaube aber, dass das Ganze noch verständlicher wird, wenn wir uns die Geschichte einer jungen Worship-Leiterin namens Isabelle aus unserer Kirche anschauen.

ISABELLE: Ich war siebzehn Jahre alt und seit zwei Jahren in einer Beziehung mit einem Nicht-Christen. Meine christliche Mama hatte mir immer gesagt: »Übernachte nicht bei ihm, das ist nicht gut!« Sie versuchte es mir auszureden, aber ich dachte mir: »Warum? Das gehört doch dazu! Das machen doch alle so!« Sie hatte keine Chance. Wir übernachteten immer mal wieder beieinander und fuhren gemeinsam in den Urlaub.

Natürlich kamen wir uns dabei auch körperlich immer näher – mit ihm Sex haben wollte ich allerdings noch nicht. Das fand mein Freund nicht ganz so cool, wodurch dieses Thema zu einem regelmäßigen Streitpunkt in unserer Beziehung wurde. Er verstand nicht, warum ich nicht mit ihm schlief, und versuchte, mich immer wieder zu überzeugen. Eines Tages sagte er in einem Streit folgenden Satz, der sich sehr tief in mein Herz brannte: »Wenn du nicht mit mir schläfst, liebst du mich nicht!« Ich war mir plötzlich völlig unsicher und dachte: »Hat er recht?« Ich wollte alles versuchen, damit er bei mir blieb, und begann, Kompromisse einzugehen. So ganz richtig fühlte es sich für mich allerdings nicht an.

Was mein Herz schließlich verändert hat, war Gott, der mich in den Momenten, in denen es intim wurde, nie verurteilte. Stattdessen hatte ich z. B. den liebevollen Gedanken: »Das ist nicht der Mann, mit dem du den Rest deines Lebens verbringen wirst.« »Isabelle, das geht zu weit. Vertraue mir.« Ich begann mich also mit dem Thema »Sex vor der Ehe« zu beschäftigen, hörte mir Podcasts an oder redete mit Paaren, die warten wollten. Ich verstand immer mehr, welcher Schatz und tiefere Sinn hinter dem Prinzip Ehe steckt. Das hat mir wieder eine Orientierung gegeben. Mit dieser Art von Kompass in der Hand wusste ich, dass ich ein größeres Ziel habe, das so viel schöner ist als eine kurzfristige Befriedigung. Seit dieser Erkenntnis fällt es mir auch im Hier und Jetzt leichter zu warten.

Q&A 5 – Es ist doch wichtig, in einer Beziehung auch körperlich eine Bindung aufzubauen, oder?

Rückblickend habe ich drei wichtige Punkte gelernt:

- Erstens: Ich glaube nicht mehr der Lüge, dass ich Liebe nur mit meinem Körper ausdrücken kann.
- Zweitens habe ich inzwischen gelernt, meinen Körper wieder mehr wertzuschätzen. Ich achte darauf, wie Man(n) und wie ich selber mit ihm umgehe.
- Den dritten Punkt lernte ich erst einige Zeit später, nachdem wir uns getrennt hatten. Diese Trennung war hart, und die Heilung hat mich fast ein Jahr gekostet. Aber ich bin im Nachhinein so dankbar, dass ich mich nicht habe überreden lassen, mit ihm zu schlafen, da sonst der Trennungsschmerz aufgrund der viel intensiveren Bindung noch viel krasser geworden wäre.

TOBI: Vielen Dank fürs ehrliche Erzählen, Isabelle! So viel zu Trennungen von Beziehungen. Aber was haben jetzt die Folgen von Trennung nach einer jahrelangen Beziehung mit den Folgen eines One-Night-Stands zu tun? Das ist doch was ganz anderes, oder?

ONE-NIGHT-STAND ODER: WIESO RUFT ER NICHT MEHR AN?

Rein theoretisch trennst du dich nicht von dem Typen, den du gerade in einer Bar kennengelernt hast und mit dem du jetzt nach Hause gegangen bist. Schließlich habt ihr nie offiziell vereinbart, dass ihr ein Paar seid. Das Problem dabei: **Die Regionen des Gehirns, die für soziales Verhalten verantwortlich sind, wissen das nicht.** Sie können nicht verstehen, dass es von Anfang an geplant war, dass du nur eine Nacht mit der Person verbringen wirst. **Es gibt keinen One-Night-Stand-Modus, den du einfach vorübergehend aktivieren kannst.**

Wenn du die Person am nächsten Morgen (also nach einer »Acht-Stunden-Beziehung«) wieder verlässt, hat das Gehirn durch den intensiven intimen Kontakt in der kurzen Zeit eine verhältnismäßig starke Verbindung mit der Person aufgebaut, die jetzt wieder getrennt wird. Wenn die Affäre nun nicht mehr in der Nähe ist und du nicht mehr regelmäßig mit ihr körperlichen Kontakt hast, verstehen deine Hormone die Welt nicht mehr. Das heißt, nach einem One-Night-Stand, und insbesondere nach einer längeren »Gelegenheits-Sex-Beziehung«, passiert in unserem Körper etwas Ähnliches wie bei einer Trennung einer längeren richtigen Beziehung – auch wenn wir offiziell nie mit der Affäre zusammen waren.[35]

Natürlich kann der Trennungsschmerz nach einer drei Jahre langen Beziehung ohne sexuellen Kontakt größer sein als nach einem einzigen One-Night-Stand, aber die Bindung, die bei einer Sex-Affäre entsteht, wird völlig unterschätzt. Auch wenn vorher klar war: Es ist nur rein körperlich.

REMINDER

Mir ist an dieser Stelle wichtig, dass es nicht darum gehen soll, dass Gott dir alles Schöne verbieten möchte. Gott meint es gut mit dir und will dir zeigen, wie du gemacht bist.

- Liebt Gott dich, wenn du es anders machst? Ja!
- Klagt er dich an? Nein.
- Darfst du alles so weitermachen? Kannst du, aber es wird dich nach und nach verändern, zu einem Menschen, der du (wahrscheinlich) nicht sein möchtest.

EIN KAPUTTES EGO

CHRIS: An die langfristigen Folgen einer Trennung hatte ich bei meinen sexuellen Kurzbeziehungen natürlich noch nie gedacht. Genau das konnte man bei mir aber mit der Zeit immer stärker beobachten: ein kaputtes Ego. Je öfter ich mit verschiedenen Frauen schlief, desto größer wurde mein (ungesunder) Stolz und desto geringer wurde mein eigenes

Selbstbewusstsein. Nebenwirkungen waren Gefühllosigkeit, Verunsicherung und Leere. Meistens versuchen wir, diese Leere wieder mit etwas zu füllen oder zu kompensieren: Bei mir war es eine ständige Suche nach Anerkennung, bei anderen ist es vielleicht Alkohol, Pornografie oder Sex mit weiteren Partnern. Ich glaube, dass manche die negativen Auswirkungen dieser »Trennung« nach einem One-Night-Stand kaum bemerken, weil sie recht schnell mit einer weiteren Person schlafen. Dank Glückshormonen wie Dopamin geht es einem nach dem Sex auch kurzfristig erst mal besser. Allerdings wird dann gleichzeitig eine neue (Kurzzeit-)Bindung zu der neuen Person aufgebaut, die wieder zerrissen wird, wodurch eben die negativen psychischen Konsequenzen folgen und sich die Spirale immer tiefer bohrt.

TOBI: Sex hat viele positive Auswirkungen, kann aber bei einem falschen Umgang auch sehr großen Schaden bei dir und deinen Mitmenschen anrichten. Aus diesem Grund sollte er wieder die Wertigkeit in unserer Gesellschaft bekommen, die er eigentlich verdient hat. Momentan ist er gefühlt gleichwertig wie Tennis spielen, einen Film anschauen oder essen gehen.[36] Dabei hätte er die Fähigkeit, die Beziehung zu deiner Ehefrau oder deinem Ehemann von allen anderen Frauen und Männern in deinem Leben maßgeblich zu unterscheiden. Er würde unter anderem aufgrund der Hormone eure Beziehung vertiefen wie keine andere Tätigkeit. Aber unsere Kultur hat Sex diese Kraft genommen, indem sie ihn zu etwas ganz Gewöhnlichem gemacht hat, und jetzt versteht niemand mehr, warum es so besonders und derart einzigartig sein sollte, miteinander zu schlafen, dass das Optimum wäre, es nur mit einer einzigen Person in seinem Leben zu teilen.

3.5 POLYGAMES LEBEN = BESSERES LEBEN?

TOBI: Wer lebt nun also cooler, was meinst du? Die polygame Bergwühlmaus oder die monogame Präriewühlmaus? Wäre es nicht schön, genau wie die Bergwühlmäuse mit Hunderten von Frauen oder Männern schlafen zu können, ohne jeglichen lästigen Bindungsaufbau, ohne negative psychologische Folgen, ohne Verpflichtungen und Trennungsschmerz? Wäre es nicht besser, wenn der menschliche Körper genau wie die Bergwühlmaus eine polygame Ausstattung bekommen hätte und wir dementsprechend leben könnten? Vielleicht würde es manches einfacher machen, aber es wäre meiner Meinung nach sicher nicht schöner.

Denn die monogame Ausstattung ist eine der schönsten Eigenschaften des Menschen. Warum ich das sage? **Ohne unsere verschiedenen Bindungsmechanismen würde all das, was wir heute unter Romantik, leidenschaftlicher Intimität oder Verliebtsein verstehen, nicht in dieser Form existieren.** Unsere Beziehungen würden genauso leidenschaftslos aussehen wie bei polygamen Hasen. Ich möchte so nicht leben. Für mich sind die Momente mit meiner Frau immer noch sehr besonders, und mein Herz hüpft auch heute noch, wenn sie bei einer Date Night den Raum betritt. Natürlich haben auch wir unsere Kämpfe, und es ist nicht alles immer happy-clappy, aber ich kann behaupten, dass ich zu niemandem sonst so eine besondere Bindung habe wie zu ihr.

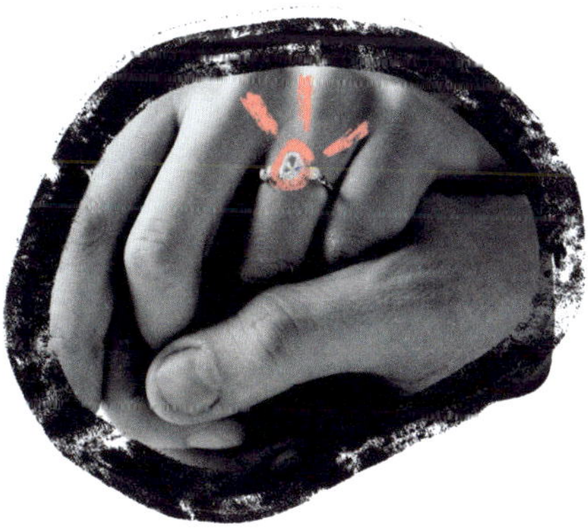

Unsere menschlichen Bindungsmechanismen tragen einfach einen großen Teil dazu bei, warum es das Wundervollste in einem menschlichen Leben, nämlich die LIEBE, in dieser Ausprägung überhaupt gibt![a] Und ich behaupte, dass wir noch nicht mal annähernd die Schönheit im Bereich Sexualität erleben, die eigentlich möglich wäre und die sich unser Schöpfer für uns ausgedacht hat. Unsere besondere körperliche Ausstattung mit seinen Mechanismen erlaubt uns, zwischen einem Mann und einer Frau die stärkste Verbindung zu schaffen, die auf dieser Erde denkbar ist. Und tief in uns Menschen wurde eine Sehnsucht gelegt, die sich genau nach dieser Liebe, gegenseitiger Ergänzung und Intimität sehnt.

ZUSAMMENFASSUNG DER UNTERSUCHUNGEN

Das waren jetzt einige Infos zum Thema Bindungsfähigkeit. Vielleicht qualmt dir jetzt der Kopf? Daher gibt's hier noch mal die Kurzübersicht:

Bindungsaufbau: Bei intimem körperlichem Kontakt während des Geschlechtsverkehrs werden unter anderem Hormone ausgeschüttet, wodurch wir eine verhältnismäßig starke emotionale Bindung zu unserem Partner aufbauen – auch bei Gelegenheitssex oder One-Night-Stands.

Einheit: Unser Bindungssystem hilft dabei, mit einer Person körperlich und seelisch eine »Einheit« zu werden, was laut Bibel das Ziel einer Beziehung zwischen Mann und Frau ist. Auch biologisch sehen wir, dass unsere körperliche Ausstattung darauf ausgelegt ist, eine lebenslange Beziehung zu einem Partner zu unterstützen. Hinweise dafür sind –

[a] Besteht denn Liebe lediglich aus ein paar Hormonen? Nein. Aber diese Hormone tragen einen großen Teil dazu bei, was diese Gefühle verursacht.

im Vergleich zu polygamen Tieren – die Art sowie die hohe Dichte an unseren Bindungshormon-Rezeptoren (Oxytocin, Vasopressin, Dopamin D2 etc.) in den entsprechenden Regionen des Gehirns, die das »Einswerden« unterstützen.

Verletzlichkeit: Durch das körperliche und seelische Nacktmachen werden wir verwundbar. Hormone erzeugen eine Verformbarkeit im Gehirn, die uns zwar hilft, uns an den Partner anzupassen, aber auch verletzbar macht. Daher benötigen wir eine Sicherheit, dass der Partner gut mit uns umgeht. Die maximale Sicherheit, die wir bieten und erhalten können, ist der Ehebund.

Trennung: Je intensiver der Kontakt mit einem Partner war, desto stärker ist die hormonelle Bindung und desto größer sind die schmerzhaften Folgen bei einer Trennung. Es entsteht eine Art Entzugserscheinung, da die Rezeptoren im Gehirn nicht mehr durch Hormone gefüttert werden. Da wir beim Sex eine verhältnismäßig intensive Bindung aufgebaut haben, hat auch die »Trennung« nach One-Night-Stands oder Gelegenheitssex gewisse negative Auswirkungen.

Unterschied zu polygamen Tieren: Da polygame Säugetiere beim Sex nicht in der Intensität wie wir Bindungen aufbauen, erleben sie auch Trennungsschmerz nicht so heftig wie wir. Sie können daher ohne große negative Folgen mit mehreren Partnern Sex haben – bei uns Menschen ist das anders!

Auswirkung der Monogamie: Ohne die Bindung, die bei uns Menschen aufgebaut wird, würde bei uns so etwas

> wie tiefe Intimität, Liebe oder das Gefühl von Nähe in dieser starken Ausprägung nicht existieren.

In der Neurowissenschaft nennt man diese Prozesse auch »Pair Bonding«. Wie genau beim Menschen solche Bindungen unter anderem beim Geschlechtsverkehr entstehen, ist noch nicht vollständig erforscht. Es ist deutlich komplexer als nur Oxytocin und spezielle Rezeptoren. Aber völlig egal, wie genau es funktioniert: Um festzustellen, dass wir Menschen eine ganz andere Bindung und Intensität wie z. B. Hahn und Hühner beim Sex aufbauen, müssen wir uns nicht stundenlange Diskussionen von Neurobiologen anhören. Dafür reicht ein Besuch auf dem Bauernhof!

Erstaunlich ist, dass Gott die Verfasser der Bibel schon vor Tausenden von Jahren auf die Auswirkungen der genannten Punkte hingewiesen hat:

Naturwissenschaft	Prinzip	Bibel
hohe Dichte an Oxytocin-Rezeptoren beim Menschen, außerdem Dopamin-D2-Rezeptor	Verbindungsaufbau zu einer Person, insbesondere beim Sex	z. B. 1. Korinther 6,16; NLB
Rezeptoren werden nicht mehr gefüttert ➡ Entzugserscheinung	negative psychische Folgen bei Trennung, auch nach One-Night-Stand	z. B. Matthäus 19,6; NLB; Maleachi 2,14-16; NLB
Mensch hat einen monogam ausgelegten Körperbau (da Bindungsaufbau)	Menschen sind für eine lebenslange Einheit designed	z. B. Sprüche 5,16-18; NLB; Genesis 2,24; NLB; Matthäus 19,5-6; NLB

Immer wieder sagen Leute: »Die Christen sind doch stehen geblieben und müssen aufgeklärt werden!« Was sie dabei vergessen: Gott hat alle diese Prinzipien und körperlichen Vorgänge erfunden, deswegen werden seine Ideen auch nie altmodisch. Es ist daher eigentlich keine Überraschung, dass das, was Jesus vor 2000 Jahren gelehrt hat, auch heute noch relevant ist für unsere Beziehungen und den Umgang mit Sex in unserer Gesellschaft.

DAS ERKLÄRT, WARUM EIN MANN SEINEN VATER UND SEINE MUTTER VERLÄSST UND SICH AN SEINE FRAU BINDET UND DIE BEIDEN ZU EINER EINHEIT WERDEN.

1. MOSE 2,24

GÖTTLICHES PRINZIP – REINHEIT

04

4.1 WIE VIELE SEXPARTNER WÄREN IDEAL?

CHRIS: Als ich mit Leuten wie Tobi diskutierte, stellte mir jemand eine herausfordernde Frage, dessen Antwort meine Ansichten zum Thema Sex gewaltig zum Rütteln brachte:

»Nehmen wir mal an, du lernst eines Tages eine Frau kennen, die du so liebst, dass du mit ihr den Rest deines Lebens verbringen möchtest. Eine Partnerin, mit der du deine Träume realisieren möchtest, zusammen Kinder großziehen und mit der du mit achtzig Jahren noch Hand in Hand spazieren gehen willst. Was wäre dein Ideal dieser Person? Gerade im Bereich Sexualität?

Was wäre das Optimum, wenn alles möglich wäre? Mit wie vielen anderen Männern sollte sie schon vorher Geschlechtsverkehr gehabt haben? Drei? Fünf? Zehn? Mit keinem?«

Als mir diese Frage zum ersten Mal gestellt wurde, versuchte ich, sie zu umgehen: »Also ich muss sagen, so wichtig ist mir das bei meiner Partnerin eigentlich gar nicht. Schließlich habe ich ja selber schon mit anderen Frauen geschlafen!?« Die Frage nach dem **Optimum** der Anzahl voriger Sexpartner beschäftigte mich aber noch einige Wochen.

DER »CARINA-EFFEKT«

Ich erinnere mich an eine Situation in der elften Klasse, als ich eine junge Frau namens Carina von einer anderen Schule kennenlernte. Sie war sehr schön und ich mochte ihr Lachen. Ich war ein bisschen in sie verliebt. Als ich aber mitbekam, dass ein älterer Typ aus der zwölften Klasse am Wochenende mit ihr Sex gehabt hatte, verlor dieselbe Frau schlagartig einen großen Teil ihrer Attraktivität in meinen Augen. Ich hörte keine Details, aber in meinen Gedanken spielte sich ein Kopfkino ab, wie dieser Typ mit Carina Sex hatte. Mein Interesse war innerhalb von Sekunden erheblich gesunken. Aber warum eigentlich?

Als ich mich mit einigen Kumpels über den Carina-Effekt unterhielt, stellte sich heraus, dass fast jeder schon mal etwas Ähnliches erlebt hatte. Für jeden war es irgendwie unangenehm, mitzubekommen, dass der Fußball-Kollege, ein Typ aus dem Nachbardorf oder selbst ein fremder Mann im Urlaub früher mal mit seiner heutigen Freundin Sex gehabt hatte.

Tief in uns scheint anscheinend der Wunsch nach Reinheit gelegt zu sein, was die sexuelle Vorgeschichte unseres Partners angeht.

Und wenn das für uns als Männer gilt, ist das andersherum für Frauen nicht genauso? Bei uns in Deutschland scheint es aus gesellschaftlicher Sicht mehr Akzeptanz dafür zu geben, dass ein Mann mit mehreren Frauen schläft, als andersherum. Aber würdest du dir als Frau nicht auch wünschen, dass dein Ehemann vorher nicht mit anderen Frauen geschlafen hat?

Q&A 5 – Es ist doch wichtig, in einer Beziehung auch körperlich eine Bindung aufzubauen, oder?

Als ich einmal in der Mittagspause in der Mensa aus Neugier zwei Studentinnen fragte, mit wie vielen Personen ihr zukünftiger Ehepartner bereits Sex gehabt haben soll, nannten sie Zahlen zwischen drei und acht. Klar, es sollte kein Macho sein, aber sie begründeten diese Zahlen damit, dass sie sich von ihrem Zukünftigen wünschten, kein völliger Anfänger im Bett zu sein. Stattdessen müsste er schon Erfahrung gesammelt haben.

TOBI: Ist das wirklich so? Stell dir mal kurz vor, du hast deinen Traumpartner gefunden. Den würdest du gern heiraten. Ihr sitzt gemeinsam bei einer Date Night, seid ehrlich miteinander, und er erzählt dir ganz stolz: »Schatz, du kannst dich freuen: Ich habe vor dir schon zwölf Frauen geküsst und mit vier der Frauen geschlafen. Ich habe mit ihnen vieles ausprobiert, viele abgefahrene Stellungen im Bett gelernt. Alles nur, damit ich jetzt optimal für dich vorbereitet bin!« Ja, ich übertreibe ein bisschen, aber versetz dich mal in die Situation:

Würdest du dich wirklich darüber freuen?

Oder findest du es vielleicht sogar ein bisschen abstoßend?

DIE ANGST, WAS ZU VERPASSEN

CHRIS: Auf der einen Seite musste ich Tobi zustimmen, aber gleichzeitig habe ich mich lange gefragt, ob ich dann nicht etwas verpassen würde. Wenn ich nur mit einer Person Sex habe, dann werde ich doch niemals erleben, wie es ist, mit anderen zu schlafen!

Ausgerechnet ein Gespräch mit einem Freund, der früher Drogenprobleme hatte, brachte mich zum Umdenken. Er erzählte mir, wie er nach und nach in die Abhängigkeit geriet. Es begann damit, dass ihm eines Tages auf einer Party eine bestimmte Droge angeboten wurde. Er nahm daraufhin auch im Alltag immer öfter diese Droge, und Schritt für Schritt fiel sein Leben auseinander. Als er mir traurig im Café gegenübersaß und berichtete, wie er zuerst seine Ausbildung, dann den Kontakt mit seinen Freunden und schließlich sogar zu seiner Familie abbrach, versuchte ich tröstende Worte zu finden: »Na ja, ist jetzt nicht optimal, aber jetzt hast du wenigstens die Erfahrung gemacht und weißt, wie sich so etwas anfühlt!« Daraufhin schwieg er. Er schaute bedrückt auf den Tisch und sagte leise: »Weißt du, Chris, das ist genau das, was ich die ganze Zeit gedacht hatte. Das ist genau der Grund, warum ich überhaupt das erste Mal angefangen habe. Ich wollte mal wissen, wie sich das anfühlt, ich wollte nichts verpassen in meinem Leben. Wenn ich heute zurückschaue, muss ich zugeben, ich hätte es besser nicht getan.

Ich war zum Beispiel früher auf Partys und war an sich ein glücklicher Mensch. Dann habe ich angefangen, Drogen zu nehmen, und hatte dieses völlig verrückte Gefühl des Drogenrausches. Wenn ich heute auf einer Party bin, kann ich nicht mehr so glücklich sein wie früher, weil ich weiß, wie sich eine Party mit Ecstasy anfühlen kann. Auch wenn ich jetzt schon viele Jahre clean bin, werde ich nicht mehr erleben können, wie schön es sich anfühlen kann, ein Leben zu leben, ohne die Auswirkungen von Drogen zu kennen.«[37]

Drogen sind natürlich etwas völlig anderes als Sex. Aber es gab doch eine Gemeinsamkeit von seiner und meiner Geschichte. Denn auch beim Thema Sexualität sagen viele Leute: »Du musst wenigstens mal ausprobiert haben, wie es ist, mit anderen Partnern zu schlafen. Sonst weißt du nie, wie sich das anfühlt! Du wirst etwas verpassen und das eines Tages bereuen.« Die Wahrheit ist: Ja, ich weiß jetzt, wie es ist, mit verschiedenen Frauen zu schlafen. Das habe ich nicht verpasst. Aber dafür verpasse ich etwas anderes: **Ich werde in meinem Leben nie mehr die Chance haben, zu erleben, wie besonders eine Ehe sein kann, bei der beide Partner ihre Intimität nur mit ihrem Ehepartner geteilt haben.** Und das kann ich nicht mehr rückgängig machen.

Das mag vielleicht hart klingen, soll aber eine Ermutigung sein für alle Männer/Frauen, die noch »Jungfrauen« sind, die Angst haben, etwas in ihrem Leben zu verpassen, und die für ihre Entscheidung gemobbt werden.[a]

[a] Was du allerdings machen kannst, wenn du bereits Sex hattest, werden wir uns später im Buch anschauen.

AUFSTIEG IN DIE CHAMPIONS LEAGUE

Das Argument der Studentinnen aus der Mensa brachte mich zum Grübeln: »Als Jungfrau in eine Ehe zu starten, würde bedeuten, noch völliger Anfänger im Bett zu sein! Ist es nicht wichtig, schon Erfahrungen gemacht zu haben?«

TOBI: Berechtigte Frage! Aber hast du über folgende Option schon mal nachgedacht: Ist es wirklich wichtiger, dass der Partner schon mehrere Sex-Techniken gelernt hat? Können wir nicht auch als Paar gemeinsam sexuelle Erfahrungen sammeln? **Ist es nicht sogar etwas Besonderes und Wunderschönes, als Paar den Bereich Sexualität zusammen zu entdecken und immer besser zu werden?**

Wartest du mit dem Sex bis zur Ehe, wirst du sehr wahrscheinlich nicht in der Hochzeitsnacht den galaktischen Premium-Sex haben. Aber allein den Partner zum ersten Mal nackt zu sehen und zu berühren, wird diese Nacht so oder so einzigartig machen. Und wie lang und heftig dein Orgasmus sein wird, weil du dich ja so gut vorbereitet hast, ist in dieser besonderen Nacht erst mal nebensächlich. So eine Sichtweise kann dir den Druck nehmen, gleich beim ersten Mal »performen« zu müssen. Stattdessen kannst du mit deinem Ehepartner gemeinsam die Schönheit der Sexualität entdecken.

Q&A 8 – Ist kein Sex vor der Ehe eine Garantie für guten Sex in der Ehe?

Ich habe mich mit sehr vielen verheirateten christlichen Paaren unterhalten – ihre Antworten waren immer sehr ähnlich:

»Wenn du in deiner Beziehung gelernt hast, ehrlich und offen über deine Wünsche und Vorlieben zu reden, dann hast du sechzig Jahre Zeit, als Team gemeinsam Meister im Bett zu werden.«

Wenn ihr beide, wie in allen anderen Bereichen auch, Lernbereitschaft und Offenheit mitbringt, ihr nicht stehen bleibt, euch mit (echten) Freunden über das Thema unterhaltet oder wie Frauke und ich regelmäßig zum Ehecoaching geht, dann wird euer Sex selbst mit sechzig Jahren noch romantischer und intensiver werden. Es gehört eben Training dazu: Wir haben zum Beispiel zu Anfang unserer Ehe bei einem Coaching gelernt, wie wichtig Feedback auch im Bett ist! Fiktiv gesprochen: Wenn ich nicht weiß, was meiner Frau nicht gefällt, oder umgekehrt, dann knabbere ich vielleicht immer am Ohrläppchen herum und denke, dass sie das mag. Aber in Wirklichkeit hasst sie es und mag es lieber, am Hals geküsst zu werden. Dann sollte sie das ehrlich sagen, damit ich es ändern kann, und so werden wir step by step immer besser – auch im Ehebett.

Am Anfang startet man immer in der Kreisliga. Ihr habt genug Zeit, gemeinsam in die Champions League aufzusteigen.

Q&A 7 – You want to try before you buy?

4.2 UND WAS MEINT DIE BIBEL DAZU?

So, und jetzt nehmen wir den besten Liebesratgeber noch mit dazu: Hat uns Gott wirklich den Wunsch nach Reinheit in unser Herz gelegt? Wenn du anfängst, die Bibel von vorne bis hinten durchzulesen, wird dir auffallen, dass es Dutzende Stellen gibt, in denen Gott zeigt, wie wichtig ihm die sogenannte »Reinheit« der Menschen ist.[38] Schon im Alten Testament wird beschrieben, dass er sich Gemeinschaft und Nähe mit seinem Volk wünscht[39]. Aber: Die Voraussetzung, um Gott so nahe sein zu können und seine Liebe zu erleben, war damals Reinheit:

> Wer darf den Berg des Herrn besteigen und wer **an seinem heiligen Ort stehen? Nur die Menschen, deren Hände und Herzen rein sind,** die keine Götzen anbeten und keinen falschen Eid schwören.
>
> PSALM 24,3-4 [40]

Zu dieser Zeit konnten die Israeliten Gott nur im Tempel nahe sein. Priester mussten einen ordentlichen Aufwand betreiben, bevor sie das Allerheiligste im Tempel betreten durften: Sie sollten ihre Hände waschen, ihre Haare schneiden usw.[41] Ihnen wurden etliche Reinheitsrituale aufgelegt, damit sie schon vor Tausenden Jahren dieses Prinzip von Reinheit verstehen konnten. Die Geistlichen mussten das über Generationen hinweg regelmäßig praktizieren, wenn sie Gottes Nähe erleben wollten.

Reinigungsrituale sollten symbolisch darauf hinweisen, warum wir Jesus brauchen und weshalb er für uns gestorben ist.[a]

Wir müssen diese äußerlichen Reinheitsrituale heutzutage dank Jesus nicht mehr befolgen, wenn wir Gott nahe sein möchen (keine Angst, wir Pastoren duschen uns trotzdem weiterhin regelmäßig, auch wenn es nicht mehr vorgeschrieben ist). Wie nahe Gott bei uns sein möchte, wird im Neuen Testament aber sogar noch mal verstärkt: Jesus bezeichnet uns als seine Braut.[b] Das Bild von Braut und Bräutigam soll zeigen, wie besonders diese Beziehung ist, und wird z. B. im 2. Korintherbrief von Paulus beschrieben:

---

[a] »Das ist doch alles nur ein Abbild und ein Schatten der Dinge, die Gott angekündigt hatte und die in Christus Wirklichkeit geworden sind« (Kolosser 2,17; NGÜ). Vgl. auch Lukas 24,27; NGÜ: »Jesus hat uns durch seinen Tod gereinigt, weil er all unsere Sünden auf sich genommen hat.«

[b] Vgl. Matthäus 25,1-13; NLB, Johannes 3,29; NLB, Offenbarung 21,9; NLB. Anmerkung: Falls du das als Mann komisch findest, als Braut bezeichnet zu werden, tröstet dich vielleicht, dass Frauen in der Bibel auch als »Söhne Gottes« bezeichnet werden (z. B. Römer 8,15; ELB).

> Wie ein Vater seine Tochter mit dem einen Mann verlobt, für den sie bestimmt ist, so habe ich euch mit Christus verlobt, und mir liegt alles daran, ihm eine **reine, unberührte** Braut (Einheitsübersetzung: »**reine Jungfrau**«) zuzuführen.
>
> 2. KORINTHER 11,2; NGÜ [42]

Was man an dieser Bibelstelle ebenfalls sehr deutlich sehen kann: Reinheit im Sinne von keinen Sex mit anderen Partnern gehabt zu haben, ist aus Gottes Sicht etwas sehr Kostbares. Sonst hätte er diesen Vergleich nicht gemacht.

Laut Paulus lässt es sich auch auf unsere zwischenmenschlichen Beziehungen übertragen, wie Beziehung zwischen Gott und uns Menschen funktioniert. Wenn sich also Jesus als unser »Bräutigam« in der Beziehung mit uns wünscht, dass wir **als seine Braut »unberührt« sind**, gilt das auch für unsere menschlichen Beziehungen.[c] [43] Ist es nicht – wenn wir ganz ehrlich sind – auch das, was wir uns von unserer zukünftigen Ehefrau oder unserem Ehemann wünschen?

In der Schule merkst du vielleicht, wie unangenehm es ist, zugeben zu müssen, dass du noch eine »unberührte Jungfrau« bist. Alle machen sich über dich lustig. An diesem Vers in 2. Korinther siehst du aber, dass diese »Unberührtheit« an sich eine der kostbarsten Sachen ist, die du deinem zukünftigen Ehepartner oder deiner zukünftigen Ehepartnerin schenken kannst. Auch wenn ich selber bereits vor der Ehe Sex hatte, war für mich dieser Gedanke ein Gamechanger!

> Niemand soll dich gering schätzen, nur weil du jung bist. Sei allen Gläubigen ein Vorbild in dem, was du lehrst, wie du lebst, in der Liebe, im Glauben und in der Reinheit.
>
> 1. TIMOTHEUS 4,12

---

[c] Da Gott uns nach seinem Ebenbild erschuf, haben wir auch den Wunsch nach Reinheit in uns.

ACTIONSTEP

Nun die Frage, die sich Chris am Anfang dieses Kapitels gestellt hat, an dich: Was wäre für dich das Optimum, wenn alles möglich wäre? Was würdest du dir für deinen zukünftigen Partner im Bereich Intimität wünschen? Mit wie vielen anderen Männern/Frauen sollte er oder sie schon vorher Geschlechtsverkehr gehabt haben?

Q&A 3 – Ist es nicht ganz natürlich, dass ich mit vielen verschiedenen Partnern schlafen will?

WARUM ERST HEIRATEN?
#3 – DIE GRÖSSTMÖGLICHE REINHEIT

Größtmögliche Reinheit im Bereich Sexualität bedeutet, mit niemand anderem als deinem zukünftigen Mann oder deiner Frau Geschlechtsverkehr zu haben. Viele Leute denken, es geht darum, mit dem Sex bis zur Hochzeit zu warten. Genau genommen geht es jedoch weniger darum, auf diesen einen Tag, sondern vielmehr auf die EINE Person zu warten. Und du kannst dir nie völlig sicher sein, wer das sein wird, solange ihr beide nicht die Entscheidung getroffen habt, wer das sein soll! Diese Entscheidung fällt am Hochzeitstag. Wenn du mit deiner Freundin schon vorher schläfst und ihr euch dann aus irgendeinem Grunde zum Beispiel während der Verlobung trennt, bist du gegenüber deiner zukünftigen Ehepartnerin nicht mehr so rein, wie du es eigentlich wolltest. Daher macht es Sinn, vor der Ehe keinen Sex zu haben, da du dir vorher nicht völlig sicher sein kannst, dass es die eine Person ist.

GÖTTLICHES PRINZIP – LUST

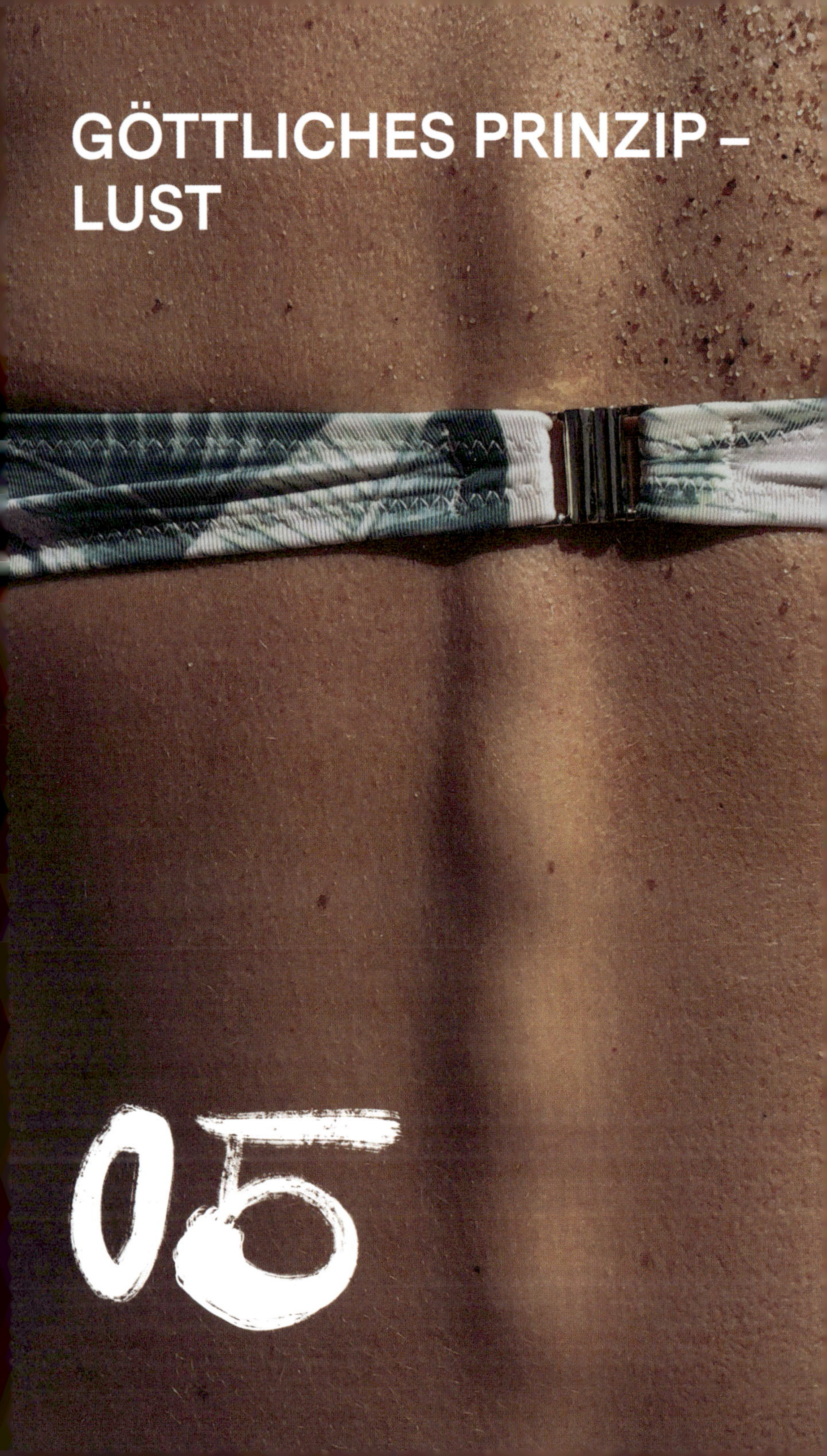

05

TOBI: Aller guten Dinge sind drei! Deshalb geht's nun weiter mit dem dritten biblischen Prinzip, das wir auf unseren heutigen Umgang mit Sex beziehen wollen. Es wird jetzt spannend, weil es um einen Bereich geht, den du wahrscheinlich so noch nie betrachtet hast. Du wirst deine volle Aufmerksamkeit brauchen, da wir dieses Thema oft übersehen! Es geht um dein Herz. Es geht um Lust – auch genannt: sexuelles Begehren. Bevor ich das genau erkläre, hätte ich eine Frage an dich, Chris: Kannst du uns ein Beispiel aus deinem Leben zum Thema Lust erzählen?

CHRIS: Klar! Nach dem Abi ging ich für ein Jahr nach Australien. In Sydney angekommen, verbrachten meine Kumpels und ich die meisten Nächte in den Backpacker-Clubs. Sie waren voll von jungen Leuten aus allen möglichen Ländern. Eines Abends lernte ich dort Madison kennen und übernachtete ein paarmal bei ihr. Die Art der oberflächlichen Sex-Beziehungen, die ich schon am Anfang des Buches beschrieben habe, wiederholte sich: Wie auch schon bei anderen Frauen in Deutschland blieb ich nicht lange und ging am frühen Morgen wieder zu mir nach Hause.

Es gab keine »Hey, wie war dein Tag?«-SMS, keine »Wie geht's dir eigentlich?«-Fragen und auch kein »Hast du Lust, morgen gemeinsam einen Ausflug zu unternehmen?«. Der Hauptgrund, ihr zu schreiben, war mein Verlangen nach Sex mit ihr. Wir waren in erster Linie an unserem Körper interessiert, aber kaum an unserem Leben. Die Frage nach einer Beziehung stand nie im Raum. Obwohl meiner Meinung nach alles mit rechten Dingen zuging, hatte ich doch ein leises, unangenehmes Gefühl bei der Sache. Aber warum eigentlich? Sie wollte das doch auch!? Wo war also das Problem?

5.1 ONE-NIGHT-STAND – OKAY, WENN BEIDE WOLLEN?!

TOBI: So komisch ist es gar nicht, dass du ein ungutes Gefühl hattest, Chris. Ich würde vorschlagen, wir schauen uns das mal genauer an.

Meiner Meinung nach kannst du eine Frau oder einen Mann grundsätzlich auf zwei Arten sehen: als einen Menschen mit Würde oder nur als einen (sexy) Körper, der eigentlich ausschließlich dazu dienen soll, dein eigenes Verlangen zu stillen.

Folgende Situation kennst du wahrscheinlich auch, selbst wenn du noch nicht in Australien warst: Du bist im Fitnessstudio und fängst an, auf dem Laufband deine Kilometer zu laufen. Plötzlich siehst du vor dir eine junge hübsche Frau, die sich gerade dehnt. Wohin schaust du? Auf die schönen blauen Augen der Sportlerin, die ihre empfindsame Seele widerspiegeln? Wirklich? Mal ehrlich! Anstatt den Menschen zu sehen, fokussierst du dich wahrscheinlich nur auf ihre Brüste und ihren Hintern. Es bleibt jedoch nicht beim ersten Blick, und in deinem Kopf beginnt ein Kopfkino, wie du mit ihr schlafen würdest. Du überlegst dir, wie du sie später am besten ansprechen könntest.

Bereits vor 2000 Jahren kamen Männer in solche Situationen wie du in dem Fitnessstudio. Petrus kann davon ein Lied singen, denn auch in seiner damaligen Lebenswirklichkeit empfanden die Menschen Lust:

> **Lüstern** blicken sie jeder Frau (oder jedem Mann z. B. im Fitnessstudio, in der U-Bahn, im Club usw.) hinterher, ständig auf der Suche nach sündigen Abenteuern.
>
> 2. PETRUS 2,14; NGÜ [a]

Hier wirkt Lust tatsächlich etwas negativ. Bevor du nun glaubst, dass ich eine Spaßbremse bin, und mir vielleicht entgegnen würdest: »Tobi, dieses Mal liegst du völlig falsch. Lust auf Sex zu haben, ist doch etwas Mega-Schönes und Wichtiges! Paulus sagt doch z. B. in der Bibel, dass wir regelmäßig Sex in der Ehe haben sollen!«[44]

Warte kurz mit dieser Aussage, denn du hast ja recht! Die Bibel sagt nicht, dass wir keinen Wunsch nach Sex haben oder so wie Chris eine andere Frau im Club nicht sexuell attraktiv finden dürfen. Im Gegenteil, **es gibt mehrere Stellen in der Bibel, die sehr deutlich zeigen, dass ich als Mann eine Frau erotisch finden darf (und umgekehrt)!**[45] Wenn ich z. B. in der Bibel lese: »Berausche dich an den Brüsten deiner Frau« (Sprüche 5,19), dann denke ich: »Yes! Gott, du weißt, was mir gefällt!« (Das gilt, wie gesagt, genauso für Frauen.)

[a] Auch von Jesus finden wir solche Aussagen: »Ich aber sage euch: Jeder, der eine Frau ansieht, um sie zu begehren (engl. who looks at a woman lustfully), hat in seinem Herzen schon Ehebruch mit ihr begangen« (Matthäus 5,28; EÜ). Jesus adressiert hier nicht nur verheiratete Männer, sondern im Prinzip jede Person – »jeder«. Eine Frau oder einen Mann mit lustvollen Blicken anzuschauen, ist in Jesu Augen so verheerend wie ein Ehebruch. Ich glaube, weil Ehebruch genau damit anfängt.

LUST IST NICHT GLEICH LUST

Wir verwenden heute in der deutschen Sprache das Wort »Lust« etwas anders als das negativ behaftete Wort »sexuelles Begehren« aus der Bibel (oder lüsterne Blicke, wie Petrus schreibt). Damit es keine Missverständnisse gibt, kommt hier am Beispiel »Tinder« eine kurze Erklärung, was die Bibel damit meint:

Tinder ist an sich erst mal etwas völlig Neutrales. Genauso wie Social Media, Dating-Seiten usw. Entscheidend ist, wie du die App nutzt. Wenn jemand auf Tinder nach einem Partner für einen One-Night-Stand sucht, **ist er genau genommen nicht auf der Suche nach einer bestimmten Person, sondern was er eigentlich sucht, ist eine sexuelle Befriedigung, und die Person ist lediglich der notwendige Gegenstand dafür.**[46] Dieses Verhalten ist es, das die Bibel »Lust« nennt (auch: »zügellose Begierde«). Was auf den ersten Blick harmlos aussieht, ist beim genauen Hinschauen eine Erniedrigung des anderen Menschen: Anstatt den anderen im Fitnessstudio als Person mit seinen individuellen Charaktereigenschaften zu sehen, wird er auf seinen Körper bzw. auf seine sexuelle Funktion reduziert.[b]

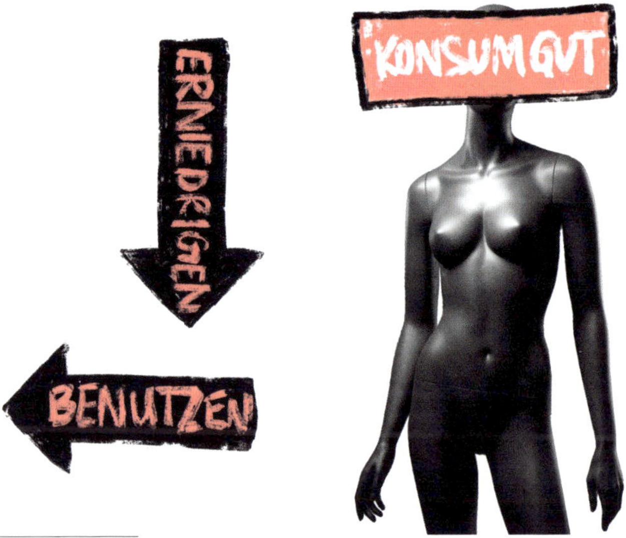

[b] Z. B. Sprüche 6,25; NIV: »Do not lust your heart after her beauty (...)« In anderen Worten: Begehre nicht mit deinem Herzen ausschließlich ihre Schönheit, z. B. ihre weiblichen Rundungen.

Aber was ist, wenn der andere auch einfach nur einen »unkomplizierten« One-Night-Stand möchte, so wie im Beispiel der Urlaubsbekanntschaft von Chris in Australien? Selbst wenn das so ist, würde das die Beweggründe in den Herzen der Beteiligten nicht ändern. Nur weil beide den Körper und die Intimität der anderen Person benutzen möchten, um ein eigenes Verlangen zu stillen, macht es das nicht zu etwas Positivem. Egal, ob du ein Mann oder eine Frau bist.

Wir erfinden immer wieder neue Namen, die eine solche eigenartige Beziehung beschreiben sollen, z. B. »friends with benefits« oder »Freundschaft Plus«. Wir verteidigen unsere One-Night-Stands oder unsere monatelangen Sexbeziehungen heutzutage mit beschönigenden Begriffen wie »Liebe machen«, aber wenn wir mal anfangen, ein bisschen darüber nachzudenken, wird uns bewusst, dass das ein menschenentwürdigendes Verhalten (engl. »dehumanizing«) ist, weil wir aus der Sexualität eines Menschen ein Konsumgut machen, das wir zur Befriedigung unserer eigenen Bedürfnisse benutzen möchten.

Auch wenn wir bei diesem Thema in erster Linie an Männer denken, kann Lust übrigens genauso bei Frauen vorkommen, wie dir Nora, eine junge Studentin aus München, erzählt.

NORA: Als ich neunzehn Jahre alt war, wollte ich endlich auch mal erleben, wie es ist, Sex zu haben. Alle redeten davon, alle um mich herum hatten Sex, alle feierten es, nur ich hatte bisher noch mit niemandem geschlafen. Irgendwann gab es in meiner Stufe einen Jungen namens Niklas, der mich attraktiv fand. Er begann, sich recht offensichtlich an mich ranzumachen, und gab mir dadurch das Gefühl, begehrenswert zu sein. Ich spielte plötzlich mit dem Gedanken, mich darauf einzulassen und mit ihm zu schlafen. Als ich ihn eines Tages für ein Uniprojekt zu Hause besuchen musste, dachte ich mir: »Hey, warum schlafe ich nicht einfach mal mit ihm? Was ist schon dabei?« Ich stand vor seiner Tür, er begrüßte mich mit einem charmanten Lächeln und hatte uns Thai-Curry gekocht. Als wir nach dem Essen bei ihm auf der Couch chillten, kam mir der Gedanke: »Nora, das ist deine Chance!« Ich hatte unseren Abstand auf dem Sofa inzwischen etwas reduziert. Gleichzeitig hatte ich eine zweite leise, aber liebevolle Stimme in meinem Kopf. »Mach es nicht. Das ist nicht der Plan, den ich für dich habe.« Ich überwand mich und rückte in letzter Sekunde wieder auf dem Sofa ein Stück zurück.

Wir arbeiteten weiter an dem Projekt für die Uni, bevor ich mich eine Stunde später wieder allein auf den Weg nach Hause machte. Ich glaube heute, dass dieser Eindruck auf dem Sofa, nicht mit dem Jungen zu schlafen, ein Gedanke von Gott war. Ich bin mega dankbar, dass ich mich nicht von meinen inneren Sehnsüchten habe leiten lassen, weil mir Folgendes immer mehr klar wurde: Das Gefühl, von Niklas begehrt zu werden, hatte voll viel mit mir gemacht. Ich versuchte damals, meinen Wert daraus zu ziehen. Wenn ich tatsächlich mit ihm geschlafen hätte, hätte ich meinen Mitschüler nur benutzt, um meine persönlichen Bedürfnisse zu befriedigen. Ich wollte nicht mal mit ihm in einer Beziehung sein und war auch gar nicht in ihn verliebt. Das wäre nicht fair, sondern mega egoistisch gewesen.

TOBI: Vielen Dank für deine Ehrlichkeit, Nora! Ich habe eine große Achtung vor der jungen Generation, die aktuell aufsteht und beginnt, ganz offen über ihre Schwächen zu erzählen. So können wir damit anfangen, über unser Verhalten nachzudenken. Was Nora beschreibt, ist ähnlich wie bei Chris eine Form von Lust im negativen Sinne. Sie war nicht in erster Linie an Niklas interessiert, sondern hat den jungen Mann indirekt benutzt, um sich wertvoll und begehrenswert zu fühlen.

FOLGEN VON LUST

Egal, ob du ein Mann oder eine Frau bist, wenn du über Monate hinweg einer anderen Person signalisierst, dass du eigentlich nur an ihrem Körper interessiert bist, kann es passieren, dass sie irgendwann glaubt, dass das Bedeutendste, das sie zu bieten hat, ihre Sexualität sei. Intimität ist dann nichts Besonderes mehr, nur ein Mittel zum Vergnügen und um Anerkennung oder Aufmerksamkeit von anderen zu bekommen. Sehr wahrscheinlich wird ihre Schwelle, mit anderen Personen zu schlafen, immer niedriger. Die Folgen sind ein mangelndes Selbstwertgefühl, innere Leere, Emotionslosigkeit oder Beziehungsunfähigkeit. Sei dir deshalb bewusst, dass die Art und Weise, wie du andere Menschen behandelst, Auswirkungen auf diesen Menschen hat. Es wird ihn verändern, im Positiven oder im Negativen.

> **FRAGE AN DICH**
>
> Hast du schon mal bei dir oder bei Freunden beobachtet, wie sich ein Charakter durch eine jahrelang gelebt One-Night-Stand-Kultur negativ verändert hat?

AUCH MEIN HERZ VERÄNDERTE SICH

CHRIS: Die Art, wie ich inzwischen mit Frauen umging, veränderte mein Herz und meinen Kopf. Vielleicht hast du vorhin Tobis Beispiel von den perversen Gedanken im Fitnessstudio gelesen und dir gedacht: »Das ist doch normal! Das ist doch bei jedem Mann so, oder? So sind wir Männer halt!« Nun, ich dachte früher auch, es ist völlig normal, dass in mir ein Kopfkino startete, wenn mir in der U-Bahn eine leicht bekleidetet Frau mit großem Ausschnitt gegenübersaß. Ich dachte, es ist normal, wenn ich in der Schule in der letzten Reihe saß und mir vorstellte, wie ich mit der jungen Lehrerin Sex hatte. Nach einem Veränderungsprozess über mehrere Jahre weiß ich heute, dass das eben nicht normal war. Es war eine Folge davon, wie ich mein Herz jahrelang gefüttert hatte.

5.2 PORNOS – NÄHRBODEN FÜR LUST

Zum einen waren natürlich One-Night-Stands oder Gelegenheitssex-Beziehungen große Verstärker meiner Lust. Diese egoistisch motivierten

Kurzzeitbeziehungen erschufen in mir ein Bild, das Frauen auf ihre sexuelle Funktion reduzierte. Es gab jedoch noch etwas anderes, mit dem ich über Jahre hinweg mein Herz gefüttert hatte, ohne mir bewusst zu sein, welche Auswirkungen es eines Tages auf meinen Umgang mit Frauen haben würde: pornografische Bilder! In erster Linie natürlich Pornofilme, zu denen ich bereits als Jugendlicher durch das Internet Zugang hatte, aber auch Nacktfotos, die in den WhatsApp-Gruppen der Sportmannschaft rumgeschickt wurden, oder einfach nur Bilder auf Social Media[a]. Ich prägte mir dadurch über Jahre ein, dass der interessanteste Aspekt einer Frau ihr Körper ist, der mir sexuelle Befriedigung gibt. Das hatte auch Auswirkungen darauf, wie ich Frauen im Alltag »begehrte«.

TOBI: Vielleicht sagst du: »Pornos sind doch nicht so schlimm, schließlich verletze ich beim Zuschauen doch niemanden!« Jesus betonte jedoch, dass das Problem von sexuellem Fehlverhalten (Unzucht) bereits in unserem Herzen beginnt.[47] Überlege dir weise, was du dir anschaust und womit du dein Herz füllen möchtest.[b] Stoppst du diese Entwicklung nicht von Anfang an, überrollt dich das Ganze irgendwann wie ein Tsunami: Pornografie beginnt zunächst nur mit deinen Gedanken, aber eines Tages prägt es deine Worte und Taten. Das Ergebnis davon ist eine negative und zerstörerische Art von Lust, wie wir sie heute leider überall in der Gesellschaft sehen können.[48]

> Mehr als auf alles andere aber achte auf dein Herz, denn es bestimmt, wie du dein Leben führst.
>
> SPRÜCHE 4,23; NGÜ

---

[a] Instagram, Facebook und Co. sind an sich nichts Verwerfliches. Allerdings habe ich inzwischen keine Seiten oder Freunde mehr abonniert, die mir schon beim Frühstück Bilder von nackten Frauen auf meinem News-Feed anzeigen.

[b] »Einen Bund schloss ich mit meinen Augen, nie eine Jungfrau lüstern anzusehen« (Hiob 31,1; LUT 17).

Q&A 10 – Wo ist das Problem mit Pornografie?
Q&A 11 – Wo ist das Problem mit Selbstbefriedigung?
Q&A 12 – Entsteht Druck in den Hoden, wenn ich so lange auf Sex verzichte?

5.3 DIE TSUNAMIWELLE BRECHEN

Lass uns zu dem Thema Lust noch mal einen Blick in die Bibel werfen, um herauszufinden, was die Lösung für unser Problem ist. An zwei Punkten können wir gut sehen, dass sich Gott unseren Sexualitäts-Lifestyle etwas anders vorgestellt hat, als wir ihn heute oft leben.

A) SICH HINGEBEN

Gottes Idee einer Beziehung ist nicht, sich gegenseitig zu nehmen (= jeweils den Körper des anderen zu benutzen), sondern – wie man im Zitat aus Epheser sieht – sich gegenseitig hinzu-geben:

> Ihr Männer, liebt eure Frauen, wie auch Christus die Gemeinde geliebt hat und hat sich selbst für sie **dahingegeben**, um sie zu heiligen.
>
> EPHESER 5,25-26; LUT

Wir erleben als Generation, wie ungern wir uns etwas oder jemandem hingeben wollen. Wir wollen etwas haben, sind aber nicht bereit, uns auch für etwas zu committen. Wir möchten den Körper des anderen, aber noch nicht einmal eine feste Beziehung. Doch es verbirgt sich diese geheimnisvolle Schönheit von echter Intimität, wenn beide Partner sich einander schenken.

Die größtmögliche Form, sich **körperlich** einer Person **hinzugeben**, ist, mit ihr körperlich eins zu werden. Das ist Sex. Die größte Form, sich **persönlich**, ökonomisch oder zeitlich **hinzugeben**, ist durch das Beschließen eines Bundes, den Rest seines Lebens dieser einen Person zu gehören. Wenn du dich maximal einer Person hingeben möchtest, vereinst du eine körperliche und persönliche Hingabe. Und diese größtmögliche Hingabe ist Voraussetzung für eine maximale Intimität.

Q&A 9 – Sollen wir schnell heiraten, damit wir endlich miteinander schlafen können?

B) SICH GEGENSEITIG EHREN

Wie wir im folgenden Vers sehen werden, ist Gottes Idee für die Beziehung von Mann und Frau nicht, sich erniedrigend wie ein Konsumgut zu behandeln, sondern genau das Gegenteil: sich zu ehren.

> Das ist es, was Gott will: eure Heiligung – dass ihr die Unzucht meidet, dass jeder von euch lernt, mit seiner Frau in heiliger und **achtungsvoller Weise** (griech. »time« = **in Ehre**) zu verkehren, nicht in **leidenschaftlicher Begierde** (griech. »pathos« = **in Lust**) wie die Heiden, die Gott nicht kennen.[a]
>
> 1. THESSALONICHER 4,4-5; EÜ[49]

Vielleicht kennst du die berühmte Verfilmung des Romans »Stolz und Vorurteil«. Eine Liebesgeschichte eines adligen jungen Mannes, der die junge Dame Elizabeth auf einem Ball kennenlernt. Über einige Jahre kämpft er um die Hand der jungen Frau. Am Ende des Films gestehen sie sich vor einem romantischen Sonnenaufgang auf einer Wiese ihre Liebe.

Wäre es ein Film aus dem Jahr 2021, hätte er sie bei der ersten Begegnung überredet, mit ihm Sex zu haben. Sie wären nach der Party auf ein Zimmer gegangen, und ein Wochenende später würde er schon mit einer anderen schlafen. Allein bei der Vorstellung bemerkt man, dass das, was wir aktuell machen, keine »achtungsvolle Weise« ist, wie Paulus in den eben zitierten Vers schreibt.

[a] Heiligung bedeutet, dass Gott sich wünscht, dass wir durch die Beziehung mit Jesus ihm ähnlicher werden, dass wir mehr und mehr zu der Person werden, als die er uns eigentlich designed hat. Dass wir in den verschiedenen Bereichen des Lebens die Freiheit und die Freude erleben dürfen, die er als liebender Vater seinen Kindern wünscht.

Gott wünscht sich, dass wir uns ehren und achten und uns somit gegenseitig aufbauen. In dem Moment, in dem du beginnst, eine andere Person nicht als Sexobjekt zu sehen, sondern ihr in Ehre und Wertschätzung begegnest (stell dir vor, du wärst ein adliger Mann/eine adlige Frau), hat das die Kraft, ihre Persönlichkeit positiv zu verändern.[50]

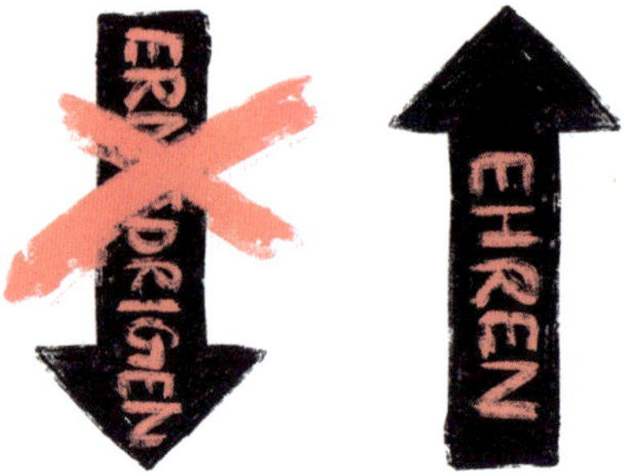

In einem Satz zusammengefasst, warum wir heute nicht einfach so mit jemandem schlafen sollten: **weil du als Mann oder Frau den anderen Menschen ehren, wertschätzen und liebevoll mit ihm umgehen möchtest.** Und aus Respekt und Wertschätzung gegenüber der Person, die sie eines Tages heiraten wird.

WARUM ERST HEIRATEN #4 DIE GRÖSSTMÖGLICHE EHRE

Die größtmögliche Art, eine Frau oder einen Mann zu ehren, ist, am Altar zu sagen: »Ich setze dich an eine höhere Stelle als meine eigenen Wünsche, meinen Beruf, meine Hobbys oder Freunde.« Diese Form von Wertschätzung, Ehre und Hingabe, wenn du es auch später so lebst, wird dich einiges kosten. Natürlich trifft diese Entscheidung auch dein/e Partner/in. Es ist nicht nur die größte Art von Liebe und das wertvollste Geschenk, das du jemandem machen kannst, sondern auch die Voraussetzung, um diese unbeschreibliche Dimension von Liebe und Intimität in einer Beziehung zwischen zwei Menschen erleben zu können.

MEHR ALS
AUF ALLES
ANDERE ABER
ACHTE AUF
DEIN HERZ,
DENN ES
BESTIMMT, WIE
DU DEIN
LEBEN FÜHRST

PARALLELEN ZU JESUS

06

TOBI: In den vorherigen Kapiteln haben wir uns viel mit der besonderen Einheit, die durch das Eingehen des Ehebunds entsteht, beschäftigt. Paulus erklärt in dem folgenden Vers, dass dieses körperliche und seelische Einswerden in der Ehe ein **Bild für unsere Beziehung mit Jesus Christus ist.**

> Deshalb wird ein Mann Vater und Mutter verlassen und sich an seine Frau binden und die beiden werden zu einer Einheit. Das ist ein großes Geheimnis, aber ich deute es als ein Bild für die Einheit von Christus und der Gemeinde.
>
> EPHESER 5,31-32

Solche Verweise liebe ich, denn sie fordern mich heraus, tiefer in der Bibel zu graben. Ich möchte dir kurz anhand drei solcher Bilder zeigen, welche Parallelen es zwischen der Beziehung von uns Menschen zu Gott und der Beziehung zwischen Mann und Frau gibt.

6.1 OHNE ABHÄNGIGKEIT KEINE EINHEIT

Vielleicht hast du einen christlichen Freund, der dir immer wieder von seiner Beziehung mit Jesus erzählt. Mit strahlenden Augen berichtet er, welche bedingungslose Liebe, persönliche Nähe und Geborgenheit er bei ihm erlebt. Verwundert fragst du dich vielleicht, wie das gehen soll.

Ich verrate dir das Geheimnis: Du wirst die Fülle an Intensität, Nähe und Liebe mit Jesus dann erleben, wenn du deine Unabhängigkeit aufgibst und sagst: »Jesus, ich möchte dir gehören!«[51] Das bedeutet ganz einfach, ihn zum Chef deines Lebens zu machen[52] und dich in allen Lebensbereichen nach ihm zu richten.[53]

»Tobi, aber warum sollte ich das tun? Woher weiß ich, dass er es gut mit mir meint?«

Weil er das Gleiche für dich getan hat!

Hier ist der faszinierende Gedanke: Nicht mal Jesus konnte diese Intimität und Nähe mit uns Menschen bekommen, ohne seine Freiheit gewissermaßen einzuschränken:

> **Obwohl er** (Jesus) **Gott war**, bestand er nicht auf seinen göttlichen Rechten. **Er verzichtete auf alles;** er nahm die niedrige Stellung eines Dieners an und **wurde als Mensch geboren** und als solcher erkannt. Er erniedrigte sich selbst und war gehorsam bis zum Tod, indem er wie ein Verbrecher am Kreuz starb.
>
> PHILIPPER 2,6-7

Jesus Christus wurde Mensch, machte sich dadurch verwundbar und starb am Kreuz für uns. Er gab bei diesem »Bund« (der dem Ehebund ähnelt) sein Leben für uns hin, und nur dadurch können wir heute diese Intimität mit Gott in unserem Alltag erleben.

Zurück zum Thema Sexualität: Für die Beziehung zwischen Mann und Frau gilt genau das Gleiche. Ja, heiraten und damit eine lebenslange Verpflichtung eingehen, widerspricht dem Denken vieler, die nach Freiheit und Unabhängigkeit streben. Es gibt jedoch einen guten Grund, genau das zu tun: Vollständige Intimität und Nähe wirst du genau wie in der Beziehung mit Gott nur dann erleben, wenn du deine Unabhängigkeit zu einem gewissen Teil aufgibst und dich der Person vollständig hingibst.[54]

6.2 DEN BUND MIT GOTT FEIERN!

Im ersten Teil der Bibel schloss Gott mit seinem auserwählten Volk Israel einen Bund. Es war zwar kein Ehebund, aber eine Beziehung, die ähnlich wie bei einer Ehe durch sein Versprechen von Liebe, Vertrauen und Zuneigung geprägt wurde. Er ordnete den Israeliten außerdem viele Rituale und Feste an, damit sie regelmäßig den Bund und die Beziehung mit ihm feiern konnten.[55]

Das gleiche Prinzip findest du auch in unserer heutigen Beziehung mit Gott: Jesus gab uns das Abendmahl als Ritual zur Erinnerung, zur Freude und zur Vertiefung seines Bundes.[56] Wir Christen feiern das Abendmahl regelmäßig, um uns daran zu erinnern, dass Jesus am Kreuz die Beziehung mit Gott möglich gemacht hat, sie zu vertiefen und uns über sie zu freuen.

SEX ALS FEIERMOMENT!

Sex kann genau wie das Abendmahl ein regelmäßiges Ritual und ein Feiermoment sein, um sich an den geschlossenen (Ehe-)Bund zu erinnern. Wir geben uns symbolisch einander hin, erleben die Freude dieses Bundes, feiern ihn und intensivieren ihn (u. a. dank Hormonen).[a]

[a] Als die ersten Christen der griechischen Stadt Korinth in einem Brief an Paulus schrieben, dass es gut sei, wenn ein Mann überhaupt keinen sexuellen Kontakt mit einer Frau hat, widersprach dieser ihnen und ordnete sogar an, regelmäßig Sex in der Ehe zu haben (vgl. 1. Korinther 7,3-5; siehe auch 5. Mose 24,5). Gott sprach durch seinen Apostel Paulus zu den Menschen, dass Sex in der Ehe gut sei, weil es positive Auswirkungen auf die Beziehung des Mannes und der Frau hat.

6.3 EIN BLICK IN DIE EWIGKEIT

CHRIS: Vor Kurzem unterhielt ich mich mit einer ehemaligen Studienfreundin über ihre vielen One-Night-Stand-Partner. Für sie waren Männer, Tinder-Dates und Bettgeschichten eine Selbstverständlichkeit geworden, die zu einem guten Wochenende dazugehört. Als der Abend etwas später wurde und sie schon einige Gin Tonics getrunken hatte, ließ sie einen Satz fallen, der mich zum Nachdenken brachte: »Weißt du, Chris, mir geht es in erster Linie gar nicht um den Sex, aber ich liebe dieses Gefühl, wenn ich morgens in den Armen eines Mannes aufwachen kann.« Was sie mit ihrer Aussage andeutete, ist Folgendes: Hinter all den menschlichen Bestrebungen nach Sex liegt weit mehr als nur der Wunsch nach einem Orgasmus. Hinter diesem Verlangen liegt die tiefe Sehnsucht nach Nähe mit einer anderen Person. Intimität. Echte Intimität.

TOBI: Diese tiefe Sehnsucht nach Intimität, Geborgenheit und Geliebtsein, die wir aus unserer Beziehung zwischen Mann und Frau kennen, ist ein Bild für das, was wir in ganzer Fülle erst bei Gott erleben werden. Jesus erklärte das, als er einer Frau an einem Brunnen begegnete, die ebenfalls schon mehrere Sexpartner gehabt hatte. Um ihr zu zeigen, warum sie in ihrem Leben eine Beziehung mit Gott brauchte, sprach Jesus sie auf ihre Männergeschichten an und verglich ihre Sehnsucht mit einem starken Durst nach Wasser:

> Jesus antwortete ihr: »Wer von diesem Wasser trinkt, wird wieder Durst bekommen; wer aber von dem Wasser trinkt, das ich ihm geben werde, wird niemals mehr Durst haben; vielmehr wird das Wasser, das ich ihm gebe, in ihm zu einer Quelle werden, deren Wasser ins ewige Leben fließt.«
>
> JOHANNES 4,13-14; EÜ

Das heißt für mich: Egal wie viele Sexpartner diese Frau (oder deine Kommilitonin, Chris) noch haben wird, es ist nicht möglich, ihren Durst nach Intimität durch einen Menschen jemals **vollständig** zu stillen. Wir suchen im Sex oder in unserem Partner nach Intimität, Nähe und Schönheit, welche wir nur in Gottes Armen in diesem Ausmaß finden können.[a]

Das Verliebtsein in einer Beziehung, die nach göttlichen Prinzipien geführt wird, ist etwas unglaublich Schönes. Und gleichzeitig ist die leidenschaftlichste und hingebungsvollste Liebe, die zwischen einem Mann und einer Frau möglich ist, lediglich ein Hauch im Vergleich zu Gottes Liebe zu uns. Es ist ein **Vorgeschmack und gewissermaßen ein Blick in die Zukunft** auf die Intimität, die Liebe und das Glück, welche wir eines Tages im Himmel erleben werden.[57]

[a] Versuchen wir das von einem Partner zu bekommen, werden wir ihn unter den Erwartungen erdrücken, weil er sie niemals erfüllen kann.

DIE ENTSCHEIDUNG: MEINE TOP-3-GRÜNDE

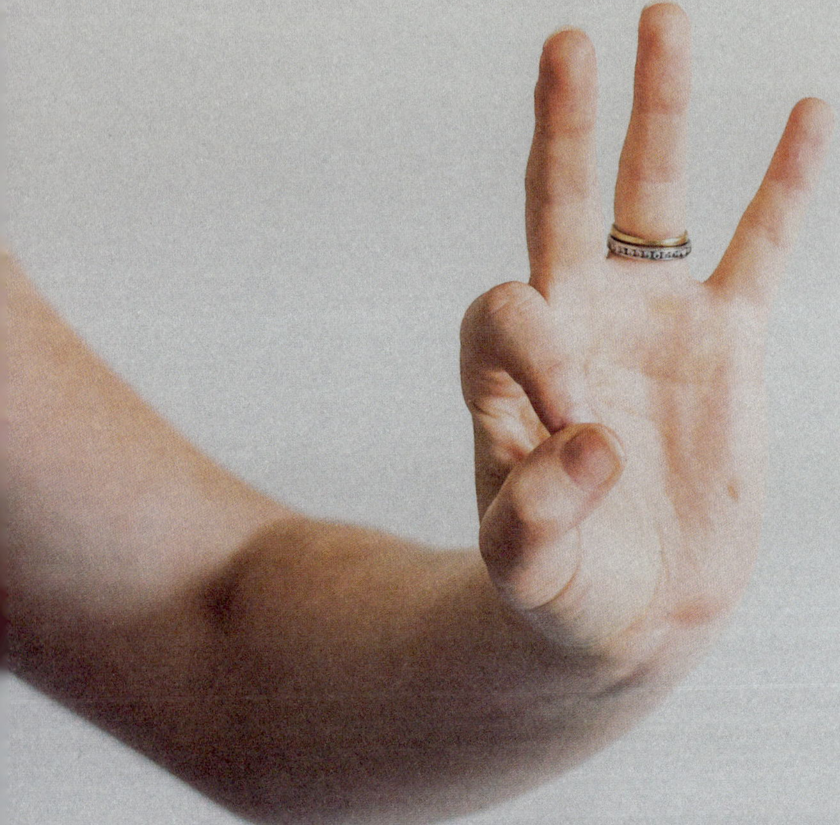

07

CHRIS: Voll gut, dass du diese Zeilen hier liest. Das bedeutet nämlich, dass du zusammen mit Tobi und mir schon einen ziemlichen Weg gegangen bist, um dich mit der Frage »Warum mit dem Sex bis zur Ehe warten?« zu beschäftigen. Wenn ich Vorträge von anderen Pastoren über dieses Thema gehört habe, war ich danach immer etwas gefrustet, weil es manchmal so wirkte, als ob es das Leichteste gewesen wäre, als junger Erwachsener mehrere Jahre auf Sex zu verzichten. Ich weiß nicht, wie es dir geht, aber mein eigener Versuch sah irgendwie anders aus.

Falls du an irgendeiner Stelle dieses Buches das Gefühl bekommen solltest, dass es bei mir ganz einfach war, dann habe ich das schlecht formuliert. Die Wahrheit ist: Es kostete mich viel Überwindung, es war viel Arbeit und eine herausfordernde Zeit, insbesondere da ich früher schon mit anderen Partnerinnen geschlafen hatte! Ich habe mehrere Jahre mit dem Thema gerungen, habe viel mit Leuten diskutiert, Fragen gestellt, in der Bibel gelesen, kam in Versuchungen, bin gescheitert und wieder aufgestanden. Es ist auch nicht so, dass ich heute immer einen absolut freien Kopf habe. Aber der Unterschied im Vergleich zu früher ist gewaltig. Es lohnt sich, diesen Weg zu gehen. Seitdem bekomme ich wieder zu spüren, wie frei sich ein Leben anfühlen kann, in dem ich meine Sexualität bestimme, anstatt von meinen sexuellen Trieben bestimmt zu werden.

Sicher gibt es noch einige Punkte mehr, über die ich zu diesem Thema schreiben könnte. Für mich persönlich waren das jedoch die entscheidenden Insights, die zu meinem Wandel führten.[a] Da mir Übersichten

[a] Siehe Quellen zur Vertiefung am Ende des Buches.

helfen, wenn ich mich auf der Suche nach Antworten zu bestimmten Themen mache, möchte ich dir an dieser Stelle noch mal die wichtigsten Gründe zusammenfassen, warum ich heute glaube, dass es eine gute Sache ist, Sex nur in der Ehe zu haben:

1. Bindungsaufbau – Ich möchte verhindern, dass eine Frau eine Bindung zu mir aufbaut, wenn das gar nicht der Plan ist (z. B. bei einem One-Night-Stand). Die Chance ist hoch, dass danach entweder ich oder sie sich (aufgrund von Oxytocin & Co.) zur anderen Person hingezogen fühlt und im Nachhinein Verletzungen entstehen.

Ich möchte eine freie und richtig gute Entscheidung treffen, mit wem ich den Rest meines Lebens verbringe, und mich nicht für eine Beziehung mit einer Frau entscheiden (oder sie sogar heiraten), weil ich mich aufgrund der Hormone von unserem häufigen Sex so krass zu ihr hingezogen fühle.

Stattdessen möchte ich den Sex nach der Hochzeit nutzen, um die bereits wunderschöne Beziehung mit meiner Frau noch schöner zu machen und zu intensivieren.

2. Reinheit – Wenn ich heute eine Frau kennenlerne, möchte ich nicht gleich mit ihr schlafen. Erstens: weil ich sie respektieren möchte! Auch wenn sie das mal anders sehen sollte und eigentlich schon gerne Sex haben möchte. Ihre Intimität ist etwas sehr Kostbares. Zweitens, weil ich meiner eigenen zukünftigen Frau das Bestmögliche, was aus gegebenen Umständen noch möglich ist, an meiner Reinheit zur Verfügung stellen möchte. Damit fange ich heute an. Drittens: Selbst wenn ich eine Frau date oder mit ihr in einer Beziehung wäre, möchte ich aus Respekt gegenüber ihrem potenziellen zukünftigen Mann nicht mit ihr schlafen. Solange wir nicht verheiratet sind, kann es gut sein, dass sie eines Tages doch einen anderen Mann heiratet (das würde natürlich genauso für eine Frau gegenüber der zukünftigen Frau ihres aktuellen Freundes gelten). Aus diesem Grund möchte ich bis zur Hochzeit warten.

3. Lust – Ich möchte eine Frau nicht mehr einfach nur als Konsumgut behandeln und ihren Körper für ein kurzweiliges Vergnügen ausnutzen (was bei einem One-Night-Stand oder einer Freundschaft-Plus-Beziehung der Fall ist). Wenn ich mit einer Frau schlafe und sie sich mir körperlich beim Sex hingibt, möchte ich auch bereit sein, zu ihr zu stehen und mich ihr persönlich vollständig hinzugeben – also sie zu heiraten.

4. Zu guter Letzt: Weil ich Gott über alles liebe, ich seinen Willen tun möchte und ihm vollkommen vertraue, dass er weiß, was das Beste für mich ist, und er mir zeigt, wie ich liebevoll und wertschätzend mit meinen Nächsten umgehe.

Früher war ich der Meinung, dass die Bibel nichts zu alldem sagt. Heute finde ich Dutzende Stellen beinahe täglich beim Bibellesen. Wenn dich das interessiert, schau dir sehr gerne das Q&A 2 an.

Q&A 2 – Wo steht in der Bibel, dass ich keinen Sex außerhalb der Ehe haben sollte?

MEINE VERÄNDERUNGEN

08

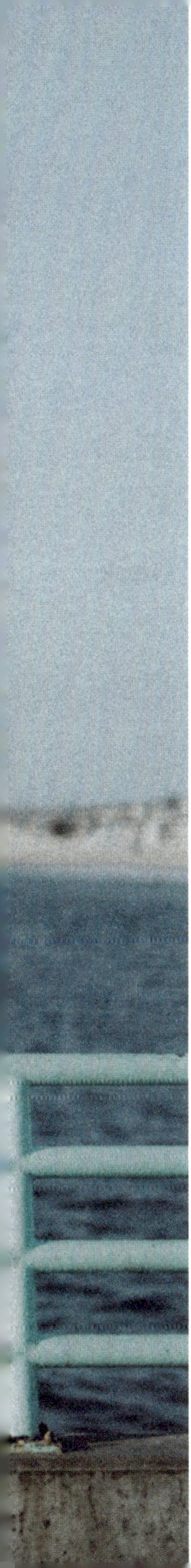

CHRIS: Acht Jahre sind inzwischen vergangen. Seitdem habe ich mit keiner Frau mehr geschlafen und bereue diese Entscheidung nicht. Im Gegenteil: Auch wenn die ersten Jahre herausfordernd waren, hat sich vieles verändert. Ich hörte auf, Pornos zu schauen, und hatte keine One-Night-Stands mehr. Ein bis zwei Jahre später schaffte ich es, auf Selbstbefriedigung zu verzichten. Früher klang das für mich unvorstellbar und unmenschlich, fast widernatürlich, so sein Sexleben zu führen – genau genommen erst mal keines zu haben. Die ersten Jahre waren herausfordernd. Doch je länger ich auf Sex verzichtet hatte, desto einfacher wurde es. Es ging mir nach einiger Zeit sogar deutlich besser. Es fühlte sich natürlicher und gesünder an als je zuvor. Es hatte sich einiges verändert.

8.1 MEINE PRIORITÄTEN IM ALLTAG HABEN SICH VERÄNDERT

Während ich es **früher** vorgezogen hätte, einen Abend allein mit einer hübschen Frau zu verbringen, liebe ich es **heute**, entspannt mit guten Freunden Zeit zu verbringen. Während ich früher den Partyurlaub in Lloret de Mar gemacht hätte, fahre ich heute für einen Sporturlaub mit guten Freunden an den Gardasee. Ich liebe es heute nach wie vor, mal feiern zu gehen oder mich mit neuen Leuten zu unterhalten. Aber aus einem anderen Motiv.

Als ich achtzehn war, haben Frauen, Sex und alles, was dazugehört, viel von meiner Zeit und meinen Gedanken eingenommen. Es hat meinen Alltag maßgeblich bestimmt, und fast alles drehte sich nur um dieses Thema. Die Bibel nennt so etwas einen »Götzen«.[a] Um Frauen zu beeindrucken und sie ins Bett zu bekommen, trieb mich dieser Götze an. Er war der Grund, warum ich auf meine Fitness achtete und durchtrainiert sein wollte, weshalb ich mir schicke Klamotten kaufte und weshalb ich versuchte, einen beeindruckenden Job zu bekommen. Heute haben sich meine Prioritäten verändert: Ich treibe Sport, weil ich es liebe, mich zu bewegen und mit Freunden an unsere körperlichen Grenzen zu gehen. Wenn ich heute auf mein Äußeres achte, dann nicht, um jemanden zu beeindrucken, sondern aus Wertschätzung Gott und anderen Menschen gegenüber. Denn Gott hat uns einen Körper geschenkt, mit dem wir gut umgehen dürfen. Ich bewerbe mich nicht für den Job, für den ich am meisten Anerkennung von Frauen bekomme, sondern für den, der mich persönlich am meisten interessiert.

8.2 MEINE GEDANKEN HABEN SICH VERÄNDERT

Wie ich schon weiter oben geschrieben habe: Wenn ich damals in der U-Bahn einer vollbusigen Frau mit einem eng anliegenden Oberteil gegenübersaß, schossen mir oft Gedanken an Sex durch den Kopf. Ich dachte immer, das sei »natürlich« und man könne nichts dagegen tun. Was ich anfangs noch für ganz normal hielt, nahm überraschenderweise eine Wendung, unter anderem, als ich aufhörte Pornos anzuschauen. Wie schon im Kapitel über die Lust beschrieben, verändert sich unser Herz, je nachdem wie wir es füttern.

[a] In Markus 12,30; NLB sieht man, wann etwas zu einem Gott bzw. Götzen wird: wenn es das Wichtigste in unserem Leben wird. In 2. Mose 20,3-5; NLB steht, dass nur Gott selber eine solche hohe Priorität in unserem Herzen haben sollte. Alles andere, das wir anfangen zu verehren und damit Gott gleichstellen würden, würde unser Leben auf eine falsche Bahn bringen. Ein Beispiel wäre Matthäus 6,24; LUT. Dort warnt Jesus davor, Geld (»Mammon«) zum Götzen, also zum Wichtigsten im Leben, zu machen. Die Leute hatten sich damals unterschiedlichste Götter gemacht, die sie anbeten (z. B. Aschera, die Fruchtbarkeitsgöttin).

Wenn doch mal Gedanken an Sex beim Anblick einer Frau im Alltag aufkamen, begann ich, ihnen gar nicht erst den Raum zu geben, sondern dachte an etwas anderes.[b]

> Ich will schlechten Gedanken keinen Raum in mir geben und mich von allem Bösen fernhalten.
>
> PSALM 101,4

Nach einiger Zeit wurden solche Gedanken immer seltener.[58] Ich saß nachmittags in der Uni und musste nicht mehr daran denken, ob ich mir abends einen Porno anschauen wollte. Ich wurde fokussierter beim Lernen, beim Arbeiten und beim Training. Natürlich kann es auch immer wieder mal vorkommen, dass sich gewisse Gedanken kurz einschleichen. Mein Herz ist auch heute nicht makellos, und es gibt immer mal Momente, in denen ich wachsam sein muss, nicht in Versuchung zu geraten, einer zügellosen Lust nachzugeben oder sie überhaupt erst zuzulassen. Mein Kopf ist allerdings spürbar »klarer« geworden! Erstaunlicherweise haben sich sogar meine Träume verändert. Früher hatte ich in Träumen, getrieben von Lust, oft Sex mit einer Frau. Heute ist mein Umgang mit Frauen sogar in Träumen wertschätzender.

8.3 MEIN UMGANG MIT FRAUEN IM ALLTAG HAT SICH VERÄNDERT

Die positive Veränderung in meinen Gedanken hatte auch Auswirkungen auf mein Handeln. Freundinnen aus der Uni oder im Freundeskreis

[b] Martin Luther hat mal gesagt: »Dass die Vögel der Sorge und des Kummers über deinem Haupt fliegen, kannst du nicht ändern. Aber dass sie Nester in deinem Haar bauen, das kannst du verhindern.« Übertragen auf das Thema Sexualität: Du kannst nicht unbedingt verhindern, dass ein perverser Gedanke kommt, aber du hast sehr wohl in der Hand, wie viel Aufmerksamkeit und Zeit du diesem Gedanken schenkst.

merkten, dass ich anders mit ihnen umging. Sie spiegelten mir, dass ich sie wertschätzte, so wie sie waren, unabhängig von ihrem Aussehen, ihrem Körpergewicht oder ihrem Ansehen. Ich bevorzugte niemanden, nur weil die Person besonders hübsch war. Es entwickelte sich eine ganz andere Art von Freundschaft mit Frauen. Heute habe ich weniger körperliche Nähe, dafür mehr menschliche.

8.4 EIN WUNSCH NACH BEZIEHUNG

Nach zwei bis drei Jahren kamen langsam wieder echte Gefühle für Frauen (nicht nur für ihren Körper) in mir auf. Früher begeisterte mich die Oberweite einer Frau, heute sind es z. B. ihre Lebensfreude und ihr Humor. Manchmal gab es Abende, an denen ich im Bett lag und mich irgendwie einsam fühlte. Vielleicht hast du so etwas schon mal erlebt. In solchen Momenten hatte ich früher den Wunsch, mit einer Frau zu schlafen. Doch einige Jahre nach meinem Selbstversuch sehnte ich mich vielmehr danach, eine Partnerin an meiner Seite zu haben. Lange hatte ich geglaubt, ich sei beziehungsunfähig, eine lebenslange Ehe zu führen war nur schwer vorzustellen – doch langsam entstand step by step wieder der Wunsch nach einer festen Beziehung. Im Rückblick ist es ein Wunder und ein Beweis von Gottes Existenz, zu sehen, wie liebevoll und geduldig er einen Menschen verändern kann.

OFFENE FRAGEN

Es gibt ein paar eigenartige Ansichten mancher Christen, die ich auch heute anders sehe! Zum Beispiel würde ich jemandem widersprechen, der behauptet, Sexualität sei nur zur Fortpflanzung geschaffen (vgl. Kapitel 6.2). Eine Sache, die ich jedoch aus dieser intensiven Zeit gelernt habe: Wenn ich heute auf ein Thema treffe, bei dem viele Christen eine andere Meinung haben als ich, bin ich inzwischen etwas vorsichtiger mit schnellen Entschlüssen wie »Das haben sich die Verfasser der Bibel damals nur ausgedacht«. Ich versuche beizubehalten, dass ich alles kritisch prüfe und offen für Neues bin. Außerdem will ich die Dinge anhand der Bibel und gemeinsam mit Freunden verstehen.

Es gibt ein paar Fragen, auf die ich bis heute noch keine gute Antwort gefunden habe. Zum Beispiel weiß ich ehrlich gesagt noch nicht, wie man ein inzwischen durchschnittlich spätes Hochzeitsalter bei ca. dreißig Jahren damit vereinbaren kann, Sex nur mit dem Ehepartner zu haben. Sollten wir vielleicht früher heiraten?

Ich weiß nur eines: Wenn ich eines Tages eine Frau kennenlerne, mit der ich gerne den Rest meines Lebens verbringen würde, werde ich in meinem Bereich Sexualität/Intimität nicht mehr so neuwertig, unberührt oder rein sein, wie ich es mir wünschen würde.

KRITISCHES PRÜFEN UND OFFEN SEIN FÜR NEUES

PRAKTISCHE TIPPS

09

9.1 VERBOTE FÜHREN ZU NICHTS

Erinnerst du dich, wie ich beim ersten Selbstversuch relativ schnell wieder in mein altes Muster zurückfiel? Warum war mein zweiter Versuch erfolgreicher als der erste? Beim ersten Mal zwang ich mich dazu, mit niemandem zu schlafen. Sätze wie: »Gott will das halt« oder: »Das darfst du als Christ nicht« haben mir definitiv nicht geholfen. Vorschriften oder Verbote haben noch nie eine Einstellung verändert. Was mich allerdings weitergebracht hat: diese **Prinzipien hinter unserer Sexualität zu verstehen** – aus biblischer (Schöpfer) und neurowissenschaftlicher Sicht (Schöpfung). Ich hatte jetzt eine völlig andere Herzenseinstellung: Ich verzichtete **freiwillig** auf Sex, nicht wegen eines Verbotes, sondern weil ich Gottes Ideen verstanden und nun ein **höheres Ziel** hatte.[a]

»Selbstbeherrschung kommt nicht dadurch, dass man so negativ über Sex denkt. Christliche Selbstbeherrschung kommt dadurch, dass man Sex als etwas so Herrliches und Grandioses erachtet!«[59]

Diese neuen Perspektiven hatten zur Folge, dass das bedrückende Gefühl von einengenden Regeln verschwand. **Mir war das Ziel, das maximale Potenzial einer Beziehung in meinem Leben möglich zu machen,**

---

[a] Es macht einen großen Unterschied, ob du das Gefühl hast, du musst das jetzt machen, weil das von dir erwartet wird, oder alternativ, ob du dich selber bewusst für eine exklusive Sexualität mit deiner zukünftigen Frau oder Mann entscheidest. Im ersten Fall bist du das Opfer und versinkst im Selbstmitleid, während du im zweiten Fall aus Überzeugung und Freiheit diesen Weg gehst.

wichtiger als sofortige sexuelle Befriedigung durch Sex mit irgendeiner hübschen Frau. Weil ich das erste Ziel inzwischen mehr liebte als das letztere, war es nicht mal annähernd so schwierig zu widerstehen wie in meinem ersten Versuch, als ich mit mir ringend vor dem Spiegel stand und dem Mädel im dunkelgrünen Kleid hinterhertrauerte. Ich habe später genauso spannende Frauen kennengelernt, war aber auf Partys nicht besessen von dem Gedanken, mit einer Frau schlafen zu wollen. Ich wollte in meinem Lebensbereich Beziehung und Sexualität etwas erreichen, das ich noch aufregender, attraktiver und wichtiger fand als einen One-Night-Stand. Ich wollte jetzt schon anfangen, in meine zukünftige Ehe zu investieren! (Auch wenn ich meine zukünftige Frau wahrscheinlich noch gar nicht kannte.)

9.2 VERSTECKTE FALLEN

Trotz meiner Überzeugung musste ich auch darauf achten, mich selber nicht unnötig in Versuchung zu bringen. Wenn es unser Ziel ist, erst in der Ehe mit unserem Partner intim zu werden, ist es meiner Meinung nach nicht unbedingt zielführend, schon vorher regelmäßig mit dem anderen im gleichen Bett zu schlafen. Wenn es unser Ziel ist, eine Person nicht auf ihren Körper zu reduzieren, kann es zielführend sein, bestimmten Kanälen auf Social Media, die täglich erotische Bilder posten, nicht mehr zu folgen. Ich halte es für sinnvoll, nicht auf alles zu klicken, was uns im Internet angeboten wird, und uns vorher zu überlegen, welche Filme uns guttun und welche nicht. Es geht nie darum, uns etwas zu verbieten oder ein Spaßverderber zu sein, sondern zu überlegen: Was hilft uns selber, ein Leben in Freiheit zu führen und eine Person zu werden, die liebevoll und wertschätzend mit anderen umgeht?

ACTIONSTEP

Was bringt dich in Versuchung? Gibt es Dinge, die du reduzieren solltest, damit sie dich freisetzen?

9.3 YOU'LL NEVER WALK ALONE

Davon abgesehen, dass es mein Herz völlig verändert hat, indem ich mich mit starken Predigten und Büchern zu dem Thema beschäftigte (siehe Hinweise im Anhang), hat mir vor allem eins geholfen: nicht allein diesen Weg zu gehen! In unserer Kirche ist es ganz normal, dass man eine Smallgroup hat.[a] In dieser Runde können wir ganz offen über alle Themen reden, die uns beschäftigen. Beziehungen, Konflikte, Identität, Beruf, Sexualität und vieles mehr. Das Erstaunliche ist, dass jeder Mann und jede Frau in unserem Alter ähnliche Herausforderungen hat. Mein Tipp: Suche oder gründe eine solche Smallgroup.

---

[a] Smallgroup bedeutet, dass wir uns als Freunde und Freundinnen aus der Kirche einmal pro Woche treffen, etwas zusammen unternehmen, zusammen kochen und uns über persönliche Themen austauschen. Andere Kirchen nennen es Hauskreis.

TOBI: Es gibt mehrere gute Gründe, weshalb gute Freundschaften beim Thema Sexualität essenziell sind. Es kann zum Beispiel vorkommen, dass jungen Menschen plötzlich bewusst wird, dass sie trotz allem eine Sehnsucht nach Intimität haben, und anfangen, sich dafür zu schämen. Diese Sehnsucht ist allerdings nichts Schlechtes! Sie braucht nur den richtigen Rahmen. Wie du mit dieser Sehnsucht ganz gesund umgehen kannst, erzählt dir eine junge Frau namens Franzi aus unserer Kirche.

FRANZI: Wenn ich heute zurückschaue, muss ich zugeben: Früher machte ich meinen Wert von Leistung und vor allem von der Anerkennung von Männern abhängig. Ich habe oft mit Männern rumgemacht, um mich geliebt, wertvoll und weiblich zu fühlen. Je besser ich aber Jesus kennengelernt habe, desto mehr merkte ich: »Krass, ich habe einen Wert, der unabhängig von meiner Leistung oder meinem Aussehen ist.« Mein Wert wird am Kreuz definiert, denn: Ich bin so wertvoll, dass Jesus für mich stirbt!

Die Sehnsucht, Männern zu gefallen und von ihnen anerkannt und geliebt zu werden, verschwand aber trotz dieser neuen Erkenntnis nicht einfach so von jetzt auf gleich. Im Gebet merkte ich, dass es eine Wurzel darunter gab: Ich verspürte eine Sehnsucht nach Intimität und danach, **»gekannt zu sein«**, in mir. Ich wünschte mir, so wahrgenommen zu werden, wie ich wirklich war. Ich wünschte mir, dass jemand meine Gedanken, mein Herz und mich als Person durch und durch kannte und verstand.

Das bedeutet: Die Sehnsucht nach Intimität, Nähe und Liebe ist an sich keine schlechte, sondern eine, die man in jeder Season (Single, Beziehung, Ehe) unterschiedlich erleben kann. Intimität ist mehr als nur Sex. Es gibt eine gesunde Art, mit diesem Bedürfnis umzugehen. Wir können Intimität nicht nur über körperliche Intimität zwischen Mann und Frau erleben, sondern auch in Freundschaften. Ich habe gelernt, tiefe und »intime« Beziehungen zu Freundinnen aufzubauen. Freundschaften, in denen ich mich persönlich öffnen konnte, in denen ich meine Schwächen und Ängste teilen konnte, in denen ich so angenommen und geliebt wurde, wie ich war, und ich keine Angst vor Verurteilung haben musste. Durch solche **»Safe-Place-Freundschaften«** musste ich nicht mehr intim mit

Männern werden und damit meine Reinheit aufgeben, um mich geliebt zu fühlen. Stattdessen konnte ich Intimität im Sinne von »persönlicher Offenheit und Vertrautheit« mit Freundinnen erleben.

Doch die tiefste und stetigste Freundschaft erlebe ich nach wie vor bei Jesus. Ich begann, mich von ihm erforschen zu lassen und Intimität mit ihm zu leben im Gebet, indem ich ihm alle meine Herzenswünsche sagte und ihn in mein Leben reinsprechen ließ.

TOBI: Zusammengefasst heißt das, dass hinter jedem Bedürfnis oft eine tiefere Sehnsucht steckt, die per se nicht schlecht ist. Wir müssen nur je nach Lebensabschnitt den richtigen Rahmen finden, sie auszuleben.

Es gibt noch einen weiteren Grund, weshalb es sich lohnt, in gute Freundschaften zu investieren. Ich wünschte, ich hätte mit Anfang zwanzig schon die Weisheit und den Blick für komplexe Zusammenhänge wie Jana Highholder besessen. Mein Leben wäre wahrscheinlich anders verlaufen, ich hätte die ein oder andere bessere Entscheidung getroffen und vor allem auch straight durchgezogen. Vielen Dank, Jana, dass du uns in eine Geschichte aus deinem Leben mit reinnimmst, warum gute Freunde beim Thema Sexualität matchentscheidend sein können.

JANA: Mit dem Sex bis zur Ehe zu warten, kann dich in echt frustrierende Momente bringen. Ich bin davon überzeugt, dass Gott sich Sexualität für eine Ehe gedacht hat. Nicht, weil meine Eltern das so gelebt haben, sondern weil ich es selber hinterfragt und für mich die Entscheidung getroffen habe, dass diese Lebensweise die beste für mich ist. Aus diesem Grund habe ich mir bereits vor der ersten Beziehung diesen Rahmen gesteckt, wie ich Beziehung leben will. Trotzdem kamen immer mal wieder Situationen, die mich herausgefordert haben. Von einer will ich dir erzählen:

Vor ein paar Jahren habe ich einen richtig netten jungen Mann kennengelernt. Er hatte ein gutes Herz, bezeichnete sich als Christ und stand für bestimmte Werte ein. Nur beim Thema Sexualität spürte ich, dass er eine etwas andere Vorstellung hatte als ich. Ich erklärte ihm gleich zu Beginn unseres Kennenlernens, dass ich körperliche Liebe erst in der Ehe leben möchte. Seine Reaktion? Er war alles andere als begeistert! Es war das letzte Mal, dass wir uns gesehen hatten. Wir trafen uns danach nie wieder.

An diesem Tag war ich übelst frustriert über das Thema »Sex erst innerhalb der Ehe«. Ich habe ihn wirklich gemocht und war traurig über seine Reaktion. Mir schossen Sätze in den Kopf wie: »Gott, ich war dir doch so treu! Warum belohnst du das nicht?«

Was tun? Heute weiß ich, dass man in solchen Momenten stabilisierende Menschen braucht.

Ich habe viele gute Freunde, aber manchmal sind sogar engste Verwandte nicht die richtigen Ratgeber in solchen Situationen. Beispiel: Wenn deine Kommilitonin den Typ cool findet, wird sie dir wahrscheinlich sagen: »Komm, dein Ernst? Der ist doch super!?«

Ich hatte glücklicherweise einen Kumpel, dem ich vertraute, und rief ihn an, weil ich einfach so am Boden war. Ich bat ihn: »Sag mir, dass ich noch auf dem richtigen Weg bin!« Ich brauchte Ermutigung, keine Kompromisse. Anstatt darüber zu reden, ob mein Date der Richtige ist oder nicht, erinnerte er mich daran, wie Gottes Herz schlägt, und festigte mich in meiner Identität als Tochter Gottes. Er half mir wieder auf die Beine und richtete mich neu aus.

Sich zu entscheiden, mit dem Sex bis zur Ehe zu warten, ist nicht etwas, das passiv läuft. Es benötigt zu jeder Zeit den richtigen Fokus: Glaube ich, dass ich das beste Ziel habe? Dann ist es okay, das vermeintlich Gute (z. B. Sex vor der Ehe oder eine bestimmte Beziehung) zu verpassen. Es kann Situationen in deinem Leben geben, da fängt dieser Fokus an zu vernebeln. Deswegen sind gute Freunde als festigende Stützen im Leben wichtig.

ACTIONSTEP

Wer sind stabilisierende Freunde in deinem Umfeld? Und: Für welche Personen bist du ein/e solche/r Freund/in, der auch bei alltäglichen Themen wie Beziehungen an ihrer Seite ist?

Mein Tipp: Bevor du in Dating investierst, nutze deine Zeit als Single und baue starke Freundschaften auf! Gute Freunde an deiner Seite zu haben, die ermutigen, die Rat geben, dich zurechtweisen und dich lieben, sind einer der wichtigsten Faktoren, wenn du erfolgreich in allen deinen Lebensbereichen werden möchtest.

Q&A 13 – Wie gehe ich damit um, wenn andere mich für meine Sichtweise mobben?

10 BLICK IN DEINE ZUKUNFT

10.1 SUPPORT VON OBEN

CHRIS: Als ich in dieser schicksalhaften Silvesternacht in meinem Bett lag, kam mir beim Beten dieser Eindruck, dass ich nicht mehr einfach so mit anderen Frauen schlafen sollte. Aber ich hatte noch einen weiteren Gedanken: »Ich (Gott) liebe dich, auch wenn du weiterhin mit unterschiedlichen Frauen schlafen würdest, obwohl ich mir etwas anderes für dich wünsche und es dir nicht guttut.« Ich bin mir sicher, diese Zusage gilt auch für dich. Gott wird sich nicht von dir abwenden, selbst wenn du trotz all dieser Punkte der letzten Kapitel immer noch eine andere Meinung haben solltest. Gleichzeitig spürte ich damals tief in mir, dass er recht hatte.

Vielleicht merkst du wie ich, dass dein aktueller Umgang mit Frauen oder Männern nicht optimal ist, und entscheidest dich, es besser zu machen. Kleine Vorwarnung: Gib nicht auf, wenn dein großes Vorhaben wie in meinem Fall beim ersten Versuch scheitern sollte. Steh wieder auf und nimm einen neuen Anlauf. C.S. Lewis hat das in einem seiner Bücher treffend ausgedrückt: »Es gilt, nach jedem Versagen um Vergebung zu bitten, sich aufzuraffen und es nochmals zu versuchen. […] Wir erkennen einerseits, dass wir uns nicht einmal in unseren besten Momenten auf uns selbst verlassen können; andererseits sehen wir, dass wir auch in den schlimmsten Momenten nicht zu verzweifeln brauchen; denn unser Versagen ist (bereits) vergeben. Verhängnisvoll wäre es nur, uns mit der Unvollkommenheit zufriedenzugeben.«[60]

Egal, was passiert, Gott ist immer an deiner Seite.

10.2 DU DARFST AUF RESET DRÜCKEN!

Vielleicht fragst du dich auch, ob der Zug mit dem Endbahnhof »sexuelle Reinheit« abgefahren ist? Ist jetzt völlig egal, was du machst? Als ich immer mehr begriff, was ich getan hatte, fühlte ich mich erst mal ziemlich mies. Es gibt aber eine gute Nachricht.

Gott hat durch Jesus etwas Unglaubliches möglich gemacht: die Vergebung all unserer Fehler in unserem Leben. Auch unserer Verfehlungen im Bereich Sexualität. An einem Samstag ging ich zusammen mit einem Freund stundenlang alle Situationen im Gebet durch und bat Jesus um Vergebung. An diesem Tag ließ ich mich mit sechsundzwanzig Jahren taufen. Ich hatte mich mit meinem Kumpel über vier Wochen regelmäßig getroffen, wir haben uns Themen aus der Vergangenheit angeschaut und Zeit mit Gott im Gebet verbracht. Nun machte ich Jesus zum Chef in meinem Leben, auch im Bereich Sexualität. Als ich schließlich vor Freude strahlend aus dem Wasser wieder ausstieg, hatte ich eine Gewissheit: Ich war jetzt ein Kind Gottes. Er hatte mir alles vergeben:

> Doch wenn wir unsere Sünden bekennen, erweist Gott sich als treu und gerecht: Er vergibt uns unsere Sünden und reinigt uns von allem Unrecht, das wir begangen haben.
>
> 1. JOHANNES 1,9; NGÜ

»Moment! Machen sich die Christen es hier nicht ein bisschen einfach? Heißt das, solche Fehler haben keinerlei Konsequenzen? Einfach vergessen?«

Nein, im Gegenteil. Jesus hat gesagt, wenn man nur eine Frau mit begehrlichen Blicken anschaut, ist das bereits wie Ehebruch – und das wurde damals mit dem Tod bestraft. Was ich gemacht habe, war natürlich schwerwiegender, als nur eine Frau anzuschauen. Der entscheidene Punkt ist, dass Jesus die Strafe stellvertretend für mich auf sich nimmt. Das ist das größte Geschenk und der größte Beweis seiner Liebe gegenüber mir – und dir.

Wenn du dir bewusst machst, was Jesus aus Liebe für dich am Kreuz getan hat, hat diese Liebe enorme Veränderungskraft. Es war ein Erneuerungsprozess über einige Jahre, dieser Tag war für mich jedoch ein Neustart im Bereich Sexualität.[a]

Ich hatte unter anderem beim Beten den Gedanken, den Frauen noch mal zu schreiben und mich zu entschuldigen. Also begann ich, mich nach und nach bei ihnen zu melden. Ich traf mich mit Lydia in einem Café, erklärte ihr, warum ich heute eine andere Einstellung zum Thema Sex habe, entschuldigte mich, dass ich nur mit ihr schlafen und keine Beziehung gewollt hatte, und bat sie um Vergebung. Sophie (die ich damals mit Sprüchen wie »Du bist kindisch!« manipulieren wollte) schrieb ich per Mail, da ich ihre Handynummer nicht mehr hatte. Madison aus Australien per Messenger. Fast alle waren erstaunt, bedankten sich für die Entschuldigung und fragten mich, wie es zu dem Wandel gekommen war. Sie sagten mir aber auch alle, dass sie mir nichts nachtragen würden, weil ja alles in beidseitigem Einvernehmen geschehen war. Trotzdem war jedes einzelne Mal eine Überwindung, und es dauerte immer eine Weile, bis ich wusste, wie ich meine Entschuldigungen formulieren sollte. Und doch fühlte ich mich nach jedem Telefonat, Treffen oder jeder Mail ein Stück befreiter.

---

[a] Wenn du in diesem Bereich auch Schritte gehen willst, aber nicht weißt, wie, dann kann ich dir nur empfehlen, dir eine Gemeinde oder Menschen in deiner Church zu suchen, die dich anleiten können, wie du deine Lasten bei Jesus am Kreuz eintauschen kannst und Freiheit erlebst. Wie der Tausch am Kreuz funktioniert, kannst du auch in Tobias Teichens Buch »Move – Entdecke das Leben« nachlesen.

VERGEBUNG

Als ich mich dann mit 27 Jahren zum ersten Mal verliebte und meine erste Beziehung begann, stellte ich nach ein paar Monaten in einem Gespräch fest, dass meine Freundin mit noch keinem anderen Mann geschlafen hatte. Eigentlich hatte ich immer gesagt, dass es mir nicht so wichtig sei, ob meine Freundin schon Sex mit anderen hatte, schließlich war ich ja auch nicht besser. Aber irgendwie machte diese Tatsache doch etwas mit mir. Auf der einen Seite war es etwas sehr Schönes, dass sie mit niemand anderem geschlafen hatte, und ich schätzte es sehr. Gleichzeitig wurde mir auch noch mal bewusst, was eigentlich möglich gewesen wäre, wenn ich genauso gelebt hätte. Zu wissen, dass sie auf so vieles in ihrer Jugend verzichtet hatte, um mir diese Intimität zu schenken und möglich zu machen, brachte mich noch mal schwer zum Nachdenken. Ja, Gott kann alles in gewisser Form wieder heilen (wie genau, verraten wir dir gleich). Aber was passiert ist, ist passiert. Ich kann es nicht mehr rückgängig machen.

Nach einem halben Jahr trennten wir uns wieder, allerdings aus anderen Gründen. Wären wir zusammengeblieben, hätten wir uns dem Thema sexuelle Vorgeschichte stellen müssen.

TOBI: Die wichtigste Person (abgesehen von Jesus), die du und ich einmal um Vergebung bitten müssen, wird unser zukünftiger Ehepartner sein.[a] Ein Beispiel dafür ist die Geschichte eines wirklich tollen Ehepaars in unserer Kirche namens Sabine und Stefan.

SABINE: Als ich mit siebzehn Jahren nach einer Party auf dem Weg zur Wohnung eines Kumpels war, hatte ich keine Ahnung, dass ich diesen Weg später mal sehr bereuen würde. Warum? Wir hatten einen One-

[a] Diese Vergebung wird übrigens auch dann nötig sein, wenn beide schon vorher Sex mit jemandem hatten. Die Voraussetzung für eine Vergebungskraft, die du benötigen wirst, um deiner Partnerin oder deinem Partner vergeben zu können, ist, es selber erlebt zu haben, dass Jesus dir all deine Schuld vergeben hat und sie für dich am Kreuz getragen hat (unabhängig davon, in welchem Lebensbereich diese Zielverfehlungen passiert sind).

Night-Stand! Fünf Jahre, eine Handvoll Dates und ein paar Bekanntschaften später lernte ich meinen zukünftigen Mann und meine große Liebe, Stefan, kennen. Ich hatte inzwischen den Glauben neu für mich entdeckt, viele göttliche Prinzipien in meinem Leben angewandt und die Schönheit von sexueller Reinheit verstanden. Als wir eines Abends in unserer Smallgroup im »Move«-Buch von Tobi Teichen das Thema Vergebung behandelten, fiel mir plötzlich auf, was ich in den ganzen Jahren auf meinen Schultern getragen hatte: Obwohl dieser One-Night-Stand schon so lange her war, verurteilte ich tief in mir diesen Teil meiner Vergangenheit. **Ich hatte mir bis zu diesem Abend selber dafür noch nicht vergeben.**

Mir wurde außerdem klar: Jesus ist für uns ans Kreuz gegangen, damit wir rein von Sünden (auch im Bereich Sexualität) sind. Ich dachte: »Wenn Jesus das kann, dann will ich das annehmen.« Also gab ich ihm im Gebet all meine eigenen Vorwürfe und meine Erinnerungen an diesen One-Night-Stand ab und holte mir im Gegenzug seine Vergebung ab. Ich wollte frei werden, auch von allen weiteren Bindungen, die ich in meiner Vergangenheit eingegangen war! Es war ein sehr emotionaler Moment, während des Gebets musste ich weinen. Wenn ich heute zurückschaue, waren diese Tränen wie eine Art Reinigung. Als ich am nächsten Morgen aufwachte, hatte ich die Gewissheit, dass ich wirklich frei war, denn ich war versöhnt mit meiner Vergangenheit.

Ein paar Monate später machten Stefan und ich das Gleiche noch einmal bewusst als Paar: Wir gingen zusammen vors Kreuz, **um jeweils das, was die Vergangenheit des Partners mit uns machte, an Jesus abzugeben.** Wir haben uns gegenseitig vergeben, einander Vergebung zugesprochen und die Vergebung von Jesus angenommen.

Stefan hatte vorher mit keiner anderen Frau geschlafen, und für ihn war das Thema nicht direkt am nächsten Tag abgehakt. Es war ein Prozess, aber nach ein paar Wochen merkten wir im Gespräch, dass die Vergangenheit des anderen tatsächlich keinerlei Einfluss mehr auf unsere Beziehung hatte, denn wir wurden nicht mehr emotional, wenn wir über diese Themen sprachen. Unser Leben vor der Ehe sah zwar sehr unterschiedlich aus, doch jetzt leben wir eine Beziehung auf Augenhöhe. Keiner sieht auf den anderen herab und verurteilt ihn. Inzwischen sind wir seit über vier Jahren ein sehr glücklich verheiratetes Paar.

TOBI: Auch wenn du oder dein/e Partner/in, wenn ihr schon vorher mit anderen Sex hattet, heißt das nicht, dass ihr keine wunderschöne Ehe haben könnt. Ich habe einige Paare wie Sabine und Stefan kennengelernt, die trotz ähnlicher Vorgeschichten heute überaus gesegnete Ehen haben. Der Weg dorthin war jedoch eine Menge Arbeit, und es sind einige Tränen geflossen. Es ist nicht dasselbe, wie wenn man noch nicht mit anderen geschlafen hat – aber mit Gottes Hilfe ist nichts unmöglich.

ACTIONSTEP – TAUSCH AM KREUZ

So kannst du wie Chris oder Sabine deine Vergangenheit am besten mit einem/r guten Freund/in im Gebet an Jesus abgeben und gegen Vergebung und Heilung eintauschen:[a]

Erkennen: Mache dir ehrlich die Dinge bewusst, bei denen du in deinem Leben und auch in deinem persönlichen Verhalten an Gottes Zielen vorbeigeschrammt bist. Am besten bittest du Gott im Gebet, dir diese Dinge aufzuzeigen, und versuchst ein paar Minuten einfach mal zuzuhören, ob dir ein bestimmter Gedanke kommt.

Bekennen: Sprich diese Dinge offen vor Jesus aus und lasse sie bewusst los. Das könnte z. B. bei Sabine ungefähr so klingen: »Jesus, du weißt, dass ich im Bereich Sexualität

[a] »Bekennt einander eure Schuld und betet füreinander, damit ihr geheilt werdet« (Jakobus 5,16; NLB).

an deinen Ideen für mein Leben vorbeigeschrammt bin. Ich gebe dir den One-Night-Stand mit XY und meine daraus resultierenden Verletzungen und Vorwürfe an mich selber ab. Ich bitte dich um Vergebung und lasse die negativen Gefühle bei dir am Kreuz. Dort sind sie gut aufgehoben, und du kannst damit besser umgehen als ich.«

Nimm seine Vergebung nun ganz bewusst an und sei dir bewusst, dass er deine Schuld weggenommen hat. Werde still in der Gegenwart Gottes und höre hin, ob er dir etwas zu sagen hat. Gott tauscht am Kreuz deine Schuld gegen göttliche Wahrheit ein. Dies geschieht oft durch Gedanken, Bibelverse oder Bilder vor deinem inneren Auge. Vielleicht möchte er dir Identität, Reinheit, seine Liebe oder etwas ganz Individuelles neu zusprechen.[b] Dies darfst du annehmen.

Handeln: Lasse dir von Gott zeigen, was (und vor allem wie) du Dinge konkret verändern kannst. Ziehe praktische Konsequenzen aus diesem Gebet, indem du alte Verhaltensmuster aufgibst und anfängst, neu zu denken und anders zu handeln. Vereinfacht gesagt: Wenn du gestohlen hast, dann bring es dem Besitzer zurück. Wenn du lästerst, hör auf damit und entschuldige dich bei deinem Gegenüber, wenn du Frauen oder Männer immer nur als potenzielle Sexpartner behandelst und auf den Körper reduzierst, hör auf damit und wende dich bewusst der Persönlichkeit des Menschen zu. Bete zu Gott, dass er dir einen bestimmten Punkt zeigt, und nimm dir ein paar Minuten Zeit, still zu werden und zuzuhören. Jesus verspricht uns: »Wenn euch

---

[b] »Im Blut des Lammes haben sie ihre Kleider reingewaschen« (Offenbarung 7,14; HFA, siehe auch Hebräer 9,14; NLB, Jesaja 1,18; NLB, Johannes 1,7; NLB).

also der Sohn Gottes befreit, dann seid ihr wirklich frei« (Johannes 8,36; HFA). Das ist oft ein Prozess, der auch mal etwas dauern kann. Jesus ist bei jedem einzelnen Schritt dabei, wenn du dich von ihm führen lässt. Es ist jedoch ein Weg in eine neue Dimension der Freiheit, die schon unzählige Menschen erleben durften.

10.3 DAS POTENZIAL EINER GENERATION

TOBI: Wir sind nun fast am Ende dieses Buches angekommen! Erinnerst du dich noch, wie Chris sich am Anfang im Gespräch mit der jungen Frau aus der Kirche aufgeregt hat, wie man nur so altmodisch denken kann, wenn man das Prinzip »Kein Sex vor der Ehe« lebt?

An dieser Stelle möchte ich dir einen kurzen Rückblick in die Entstehungsgeschichte des Christentums geben, um zu zeigen, dass sich im Laufe der Historie nichts an dieser Vorstellung Gottes für unser Leben verändert hat.

Das Christentum entstand nämlich mitten im Römischen Reich, in einer Zeit, in der mit Sex mindestens genauso liberal umgegangen wurde wie heutzutage. Es war normal, dass ein Mann mit mehreren Frauen Sex haben konnte. Sex mit Minderjährigen war kein Tabu, Ehebruch und Untreue kamen immer wieder vor, und auch Prostitution gab es in den Städten. Die Ausgangssituation war erstaunlich ähnlich, wie wir sie aktuell in Deutschland haben. Mitten in diese damalige Kultur kam Jesus Christus und sagte: »Liebe Freunde, ihr habt vergessen, was Gottes Prinzipien sind. Ich möchte euch seinen Plan von Ehe und Sexualität erklären, damit euer Leben aufblüht und es euch gut geht!«[61] Jesus erinnerte die Menschen daran, was Gott eigentlich mit der Sexualität geplant hatte, betonte **die Bedeutung von sexueller Reinheit** und setzte damit eine Revolution in Gang![62]

Ein sehr früher außerbiblischer Bericht aus dieser Zeit, der uns heute vorliegt, ist der »Brief an Diognet«, (ca. 130 n.Chr.), der über die Christen staunt: »Sie teilen mit anderen Menschen ihren Tisch, aber nicht ihr Bett.« Es unterschied die ersten Christen also von allen anderen ihrer Zeit, dass sie andere Menschen zu sich nach Hause zum Essen einluden, aber nicht mit ihnen Sex hatten. Du musst dazu wissen: Die Römer machten es genau andersherum: Sie teilten mit anderen nicht ihr Essen, aber eben ihr Bett.

Wie wir aus Berichten wie Paulus' Briefen oder in diesem Fall dem Brief an Diognet wissen, fingen die ersten Christen an, diese Kultur radikal anders zu leben. Sie wurden natürlich für ihre Einstellung zum Thema Sex vor der Ehe ausgelacht und für verrückt gehalten. Das hat sich bis heute nicht geändert. Wenn du in deiner Lebenswirklichkeit jemandem erzählst, dass du mit dem Sex bis zu Ehe wartest, wird man sich genauso über dich lustig machen wie die alten Römer über die damals noch jungen Christen. Paulus jedoch erinnerte und ermutigte sie, sich nicht dieser Welt anzupassen! Die Christen lebten ihre Werte und hielten an ihrem Glauben an Jesus Christus fest. Was hatte dieses Vertrauen auf Gottes Wort und seine vielen Prinzipien in den verschiedenen Lebensbereichen für Folgen? Aus einer kleinen Gruppe von Nachfolgern breitete sich das Christentum auf der ganzen Welt aus![63]

Zurück in unsere Gegenwart. Wie sieht es heute bei uns aus?

Was ist unsere Haltung gegenüber unpopulären Themen?

Haben wir noch diese revolutionäre Einstellung in uns und die Kraft, uns für sie einzusetzen?

Paulus ermutigt uns:

> Deshalb orientiert euch nicht am Verhalten und an den Gewohnheiten dieser Welt, sondern lasst euch von Gott durch Veränderung eurer Denkweise in neue Menschen verwandeln. Dann werdet ihr wissen, was Gott von euch will: Es ist das, was gut ist und ihn freut und seinem Willen vollkommen entspricht.
>
> RÖMER 12,2

Es macht mich sehr traurig zu sehen, wie herabwertend Menschen in Beziehungen miteinander umgehen und die Sexualität ihres Partners nur zur eigenen Befriedigung ausnutzen. Ich erlebe, wie Singles von einem One-Night-Stand zum anderen hüpfen, verzweifelt auf der Suche nach Glück. Doch die Folge ist oft, dass sie von Date zu Date wandern und emotional immer leerer werden. Jeder kennt so Sprüche wie:

»Wenn du das willst, was alle haben, dann tu das, was alle machen.«

Es mag altmodisch klingen, und du wirst sehr wahrscheinlich dafür ausgelacht werden. Aber ich wünsche dir Mut, den Bereich Sexualität anders zu leben als der Großteil deiner Freunde. Stell dir mal die Auswirkungen vor, wenn wir uns im Bereich Beziehung und Sexualität von Gott durch eine Veränderung unserer Denkweise in neue Menschen verwandeln lassen und damit eine Revolution auslösen würden:

- Stell dir vor, junge Menschen würden weisere Entscheidungen treffen, was ihre Partnerwahl angeht, weil sie sich nicht von Lust beeinflussen lassen.
- Stell dir vor, deine zukünftige Frau oder dein Mann hätte sich ihre/seine Intimität nur für dich aufbewahrt.
- Stell dir vor, Geschlechtskrankheiten wie HIV und Aids mit unzähligen Toten jedes Jahr[64] würden auf ein Minimum reduziert werden – weil Geschlechtsverkehr nur noch in der Ehe stattfindet und damit eine Verbreitung der Viren drastisch reduziert werden würde.
- Stell dir vor, weniger Leute würden ungewollt bei einem One-Night-Stand oder Gelegenheitssex schwanger werden und abtreiben, es gäbe deutlich weniger Schwangerschaftsabbrüche pro Jahr – das sind 98 000 Babys, die allein in Deutschland jedes Jahr sterben.
- Stell dir vor, dein Kopf wäre so sauber, dass du nicht andauernd lustgesteuerte Gedanken hast, die andere Menschen auf ihren Körper reduzieren.

- Stell dir vor, Menschen würden ihre Karriere oder ihre Freundschaften nicht aufgrund sexueller Zügellosigkeit zerstören, weil sie jetzt ihr sexuelles Verlangen beherrschen können anstatt andersherum.
- Stell dir vor, unser Land würde nicht auf einem Fundament von zerbrochenen Familien gestützt sein, sondern auf gesunden Familien.

Mit tut es sehr weh, mitansehen zu müssen, wenn aus einem »netten Quickie« mit einer unbekannten Bekanntschaft ein Kind entsteht, das nie einen Vater haben wird, da dieser lediglich am Körper der jungen Frau für einen One-Night-Stand interessiert war. Familien sind die Keimzellen einer aufblühenden Gesellschaft. Eine gesunde Familie ist ein Umfeld, in dem jungen Menschen optimale Bedingungen geboten werden, um ihr Potenzial zu entfalten und die Zukunft unseres Landes zu gestalten. Wenn eine Familie jedoch schon von Anfang an auf einem One-Night-Stand ohne jegliche Verpflichtungen aufgebaut wird, liegt oft sowohl vor dem alleinerziehenden Elternteil wie auch vor dem jungen Menschen ein unfassbar schwerer Weg. Darum sollten wir als Land mit unserem Engagement sogar noch vor Familientherapie und Ehe-Seelsorge beginnen: schon bei jugendlichen Singles und jungen Erwachsenen, die mit ihren Entscheidungen über ihren Umgang mit Sexualität bereits dafür ihren Grundstein legen.

Ich wünsche vor allem unseren Kirchen in Europa den Mut, zu Gottes Prinzipien zu stehen, auch wenn es ein Großteil der Gesellschaft anders sieht. **Und die Liebe, Weisheit, Geduld und Empathie, die dafür nötig sein werden, die Prinzipien an Menschen weiterzugeben.**

WANDEL IST EIN GESCHENK

CHRIS: Unabhängig davon, wo du gerade stehst, möchte ich dich ermutigen, dass du anfängst, dich auf die Suche zu machen und den Umgang mit deiner Sexualität kritisch zu hinterfragen, und dich nicht mit oberflächlichen Antworten zufriedengibst oder dich nur von deinen Sehnsüchten leiten lässt – dafür ist dieses Thema einfach zu wichtig! Es wird auch immer mal wieder behauptet, dass jeder für sich selber entscheiden muss, wie er im Bereich »Sex« leben möchte. Wir vergessen dabei jedoch, dass beim Geschlechtsverkehr immer mindestens zwei Personen betroffen sind.

Geh ein solches Thema nicht allein an. Beschäftige dich gemeinsam mit deinem engsten Freundeskreis, deiner Smallgroup, Hauskreis etc. mit deinen Fragen. So hast du Leute um dich herum, die dich herausfordern, mit denen du dich austauschen kannst und die dich unterstützen.

Q&A 14 – Ich kann mir nicht vorstellen, so lange auf Sex zu verzichten.

Ich wünsche mir für unsere Gesellschaft, dass wir es schaffen, uns mit einer gewissen Offenheit über solche Themen auszutauschen. Auch wenn meine Kumpels von der Uni, Sport und Arbeit das Thema Sexualität heute ganz anders sehen als ich, liegen sie mir mindestens genauso sehr am Herzen wie früher. Ich würde sie nie verurteilen oder auf sie herabsehen, denn ich habe mit achtzehn Jahren noch genauso gedacht wie sie. Ich sehe meinen Wandel als großes Geschenk von Gott an. Es ist wichtig, andere Menschen wertzuschätzen trotz unterschiedlicher Meinungen. Aber weil sie mir am Herzen liegen, ist es mir nicht egal, wie sie mit sich umgehen! Wenn sich eine Gelegenheit bietet, versuche ich ihnen eine etwas neue Perspektive zu zeigen. Nicht verurteilend, sondern mit Fragen, ein paar Punkten aus diesem Buch und einem offenen Herzen für ihre Einwände.

10.4 WAS IST DEIN ZIEL?

TOBI: Meine Frage an dich als Leser ist zum Schluss: »Was ist dein Ziel?« Wenn wir mit Nicht-Christen über einen optimalen Umgang mit Sex in unserer Gesellschaft diskutieren, ist es meistens sehr schwierig, auf einen gemeinsamen Nenner zu kommen. Der Grund dafür ist, dass wir unterschiedliche Ziele haben. Das Ziel entscheidet, wie der Weg dorthin aussieht. Wenn unser Ziel lautet, maximal viel Abwechslung zwischen achtzehn und achtundzwanzig Jahren zu haben, wäre es wahrscheinlich »zielführender«, mit möglichst vielen verschiedenen Frauen oder Männern zu schlafen. Wenn aber unser Bestreben ist, Intimität nur mit unserem zukünftigen Ehepartner zu teilen, weil wir Gott vertrauen, dass das das maximale Potenzial einer Beziehung ermöglichen kann, dann wäre es **nicht** zielführend, schon vorher mit anderen Partnern geschlafen zu haben.

Bevor du also direkt über konkrete Verhaltensweisen, wie z. B. mit möglichst vielen Personen schlafen, diskutierst, solltest du erst mal einen Schritt zurückgehen und dich fragen, wohin dein Weg dich führen soll. Und dann kannst du dich wiederum fragen: Macht mich dieses Ziel denn glücklich? Ist es erstrebenswert?

Wenn wir wissen, wohin wir wollen, dann werden wir auch die beste Route dorthin entdecken. Das bedeutet allerdings auch, dass wir uns schon als Single mit dem übergeordneten Ziel von Sexualität und Beziehung auseinandersetzen müssen: **der Ehe.**

Eine Diskussion über das Thema »Kein Sex vor der Ehe« ist aussichtslos, wenn das Gegenüber überhaupt nicht an diese Lebensform glaubt. Immer mehr Menschen wachsen heutzutage als Kinder von getrennt lebenden Eltern auf und erleben in ihrem Umfeld so viele gescheiterte Ehen, dass sie gar nicht mehr den Wunsch haben zu heiraten. Vielleicht hast du geplant, später mal vor den Traualtar zu treten, aber hast du dir bisher jemals die Zeit genommen, dich damit zu beschäftigen, was das eigentlich bedeutet? Schließlich lernen wir so etwas nicht in der Schule oder im Sportverein. Ich habe in meiner Ehe gelernt: **Du hast keine Chance, das Thema »Sex außerhalb der Ehe« zu begreifen, solange du das Thema »Ehe« nicht verstanden hast.**

Weil dieses Thema so umfangreich ist, dass es eine ganze Bücherserie füllen würde, geht das Buch an dieser Stelle nicht tiefer darauf ein. Wenn du aber Fragen zur Ehe im göttlichen Sinn hast, möchte ich dich auf jeden

Fall ermutigen, Zeit in das Thema zu investieren. Genau genommen, bevor du überhaupt anfängst eine Person zu daten (siehe Q&A sowie die Podcast-Empfehlungen am Ende des Buches).

Q&A 1 – Ehe funktioniert doch gar nicht, oder?

EINE GENERATION MIT HÖHEREN ZIELEN

Mich begeistert, wie viele Menschen unserer Zeit für höhere Werte einstehen und bereit sind, dafür einen Preis zu zahlen. Sie verzichten auf Billigfleisch, um Tiere zu schützen. Sie wollen in ihrem Beruf einen positiven Impact auf diese Welt haben und verzichten auf ein hohes Gehalt. Andere wiederum wollen unsere Natur schützen und steigen in keinen Flieger ein. Es gibt sogar Menschen, die verzichten auf Kinderschokolade, damit sie ihre reine Haut vor Pickeln schützen. Es ist immer das gleiche Prinzip: **Wir trainieren Selbstbeherrschung oder verzichten auf bestimmte Dinge, um dadurch etwas Größeres möglich zu machen.** Aber werfen wir einen Blick auf unseren aktuellen Umgang mit Sex: Selbst manche der vorbildlichsten Menschen – Sportler, Naturschützer, politisch oder sozial Engagierte – ergeben sich einfach ihren eigenen sexuellen Lüsten und Begierden!

Ich bin jetzt seit über zwanzig Jahren in einer wundervollen Ehe und merke heute, warum es so wichtig war, sich als junger Mann im Bereich Sexualität nicht den eigenen Wünschen und Begierden hinzugeben, sondern auf bestimmte Dinge zu verzichten. Auch wenn ich am Anfang nicht alles richtig gemacht habe, fing Gott an, mich zu verändern. Dadurch habe ich erlebt, was schon viele Philosophen vor mir erkannt haben: **Die größte Freiheit liegt in ihrer Beschränkung.**[a] Im Bereich Sexualität war das eine Freiheit, von der ich vorher gar nicht wusste, dass sie existiert.

---

[a] Sagt auch die Bibel: »Ich habe viel freien Raum zu leben, wenn ich mein Leben nach deinen Geboten ausrichte« (Psalm 119,45). Klingt paradox für den Außenstehenden, da Gebote eher einschränken. Doch wenn wir uns drauf einlassen, fangen wir an, diese Freiheit zu erleben.

Ich wünsche mir, dass du genau das in deinem Leben erleben kannst und wirst!

> »Auf den ersten Blick ist die biblische Sichtweise zum Thema Sexualität eines der unattraktivsten Dinge des Christentums. Wenn man jedoch genauer hinsieht und zu verstehen beginnt, was die Bibel eigentlich lehrt, gehören diese Prinzipien zu den beeindruckendsten und schönsten Dingen des christlichen Glaubens.«
>
> DR. TIMOTHY KELLER, PASTOR, NEW YORK CITY[65]

FRAGEN UND ANTWORTEN

11

ÜBERSICHT

Q&A 1 Ehe funktioniert doch gar nicht, oder?

Q&A 2 Wo steht in der Bibel, dass ich keinen Sex außerhalb der Ehe haben sollte?

Q&A 3 Ist es nicht ganz natürlich, dass ich mit vielen verschiedenen Partnern schlafen will?

Q&A 4 Die Männer in der Bibel hatten doch auch mehrere Frauen?

Q&A 5 Es ist doch wichtig, in einer Beziehung auch körperlich eine Bindung aufzubauen, oder?

Q&A 6 Wie weit sollten wir körperlich gehen?

Q&A 7 You want to try before you buy?

Q&A 8 Ist kein Sex vor der Ehe eine Garantie für guten Sex in der Ehe?

Q&A 9 Sollen wir schnell heiraten, damit wir endlich miteinander schlafen können?

Q&A 10 Wo ist das Problem mit Pornografie?

Q&A 11 Wo ist das Problem mit Selbstbefriedigung?

Q&A 12 Entsteht Druck in den Hoden, wenn ich so lange auf Sex verzichte?

Q&A 13 Wie gehe ich damit um, wenn andere mich für meine Sichtweise mobben?

Q&A 14 Ich kann mir nicht vorstellen, so lange auf Sex zu verzichten.

Q&A 1 – EHE FUNKTIONIERT DOCH GAR NICHT, ODER?

TOBI: Ist der berühmte Satz am Traualtar »Ich werde dich den Rest meines Lebens lieben« nur eine Floskel? Wir können das doch gar nicht versprechen, denn Gefühle kommen und gehen; woher sollen wir wissen, ob wir in vierzig Jahren immer noch das Gleiche füreinander empfinden?

Ich behaupte, wir können es versprechen! Aber dazu müssen wir uns den Begriff »lieben« mal im göttlichen Sinn ansehen. Schauen wir in Gottes Wort, stellen wir fest, dass der Schöpfer von Ehe und Beziehung den Ausdruck »lieben« ein bisschen anders definiert als viele von uns heute. In der Bibel ist Liebe in erster Linie ein Verhalten, kein Gefühl. Beispiel: »Liebe Gott«, »Liebe deinen Nächsten«, »Liebe deine Feinde«.[66] Die Bibel sagt hier nicht, dass wir Schmetterlinge im Bauch gegenüber unseren Feinden fühlen sollen, aber sie wünscht sich ein liebevolles Verhalten auch gegenüber Menschen, die nicht unsere Freunde sind. Aus diesem Verhalten entsteht dann normalerweise ein Gefühl. Sich unserem Ehepartner gegenüber liebend zu verhalten, ist definitiv etwas, das wir ihm ein Leben lang versprechen können. Auch wenn es eine sehr herausfordernde Zusage ist.

Es gibt verschiedene Ursachen für das Scheitern von Ehe, aber ein Klassiker zu diesem Thema ist diese Aussage:

»WIR HABEN UNS HALT AUSEINANDERGELEBT.«

Dazu ein Beispiel: Patrick und Anna haben seit einem halben Jahr ihr zweites Kind. Anna ist zu Hause mit den beiden Kids sehr gefordert. Anstatt Zeit in ihren Job, den sie geliebt hat, zu investieren, verbringt sie jetzt den ganzen Tag mit dem Wechseln von Windeln und meckernden Kindern, die nie Danke sagen. Wenn Patrick abends vom Arbeiten nach Hause kommt, ist sie bereits völlig ausgelaugt und hat nur noch wenige liebevolle Worte für ihn übrig. Durch die viele Arbeit hat sie auch weniger Zeit für Sport, sie nimmt an Gewicht zu und hat immer weniger Motivation, ihr Äußeres zu pflegen.

Die Gesamtsituation hat natürlich zur Folge, dass ihr Mann Patrick inzwischen deutlich weniger Schmetterlinge im Bauch fühlt als zu Beginn der Beziehung. Da er weniger »Gefühle« für Anna hat, investiert er auch weniger in ihre Beziehung. Anstatt samstags mit der mürrischen Anna Zeit zu verbringen, geht er lieber mit seinen besten Kumpels angeln. **Und weil er immer weniger für Anna und ihre Beziehung tut, nehmen auch seine Gefühle für sie weiter ab.**

Diese Spirale bohrt sich immer tiefer nach unten. Sie unternehmen immer weniger zusammen, weil sie immer weniger füreinander empfinden. Und da sie immer weniger füreinander empfinden, haben sie auch immer weniger Lust, etwas miteinander zu unternehmen. Irgendwann geben die beiden zu, dass sie überhaupt keine Gefühle mehr füreinander haben, und trennen sich. »Wir haben uns halt auseinandergelebt«, heißt es dann.

Das Eheversprechen, sich seinem Partner ein Leben lang liebevoll gegenüber zu verhalten, sie oder ihn an die erste Stelle zu setzen und stets höher zu achten als sich selber, wird in manchen Lebensabschnitten sehr herausfordernd. Wir können gemeinsam durch Arbeitslosigkeit, Krankheiten, Depressionen usw. gehen. Aber genau das macht den Ehebund so kostbar! Jesus hat mal gesagt: »Denn wenn ihr liebt, die euch lieben, welchen Lohn habt ihr?« (Matthäus 5,47; ELB). In anderen Worten: Wenn du jemanden liebst, der dich auch liebt, was ist daran so außergewöhnlich? Solange deine Partnerin nett zu dir ist, hübsch aussieht, dir Komplimente oder Geschenke macht, ist deine Liebe zu ihr völlig selbstverständlich! Sich in einer solchen Situation liebevoll ihr gegenüber zu verhalten, ist, genauer betrachtet, nichts Besonderes. **Die Liebe gegenüber deiner Frau**

oder deinem Mann gewinnt dann in einer Situation an Bedeutung, wenn es die andere Person eigentlich gar nicht verdient hat. Echte Liebe kostet dich etwas! Und das hat magische Auswirkungen. Und genau deswegen unterscheidet sich eine gute Ehe durch das Eheversprechen völlig von allen anderen Beziehungen.

CHRIS: Einmal unterhielt ich mich mit einem Ehepaar, ca. Mitte siebzig, das seit über vierzig Jahren verheiratet war. Ich hatte den Eindruck, dass sie sehr glücklich waren, und fragte sie daher ein bisschen über ihre Ehe aus.

Sie: »Weißt du, Christian, bei uns gab es damals gar nicht die Option, dass man sich wieder trennen kann. Da ich wusste, dass ich den Rest meines Lebens mit meinem Mann zusammenbleiben muss – und auch umgekehrt –, haben wir nie aufgehört, in unsere Ehe zu investieren. Es gab natürlich Zeiten, die sehr schwer für uns und unsere Beziehung waren. Einmal ging so eine Krise über drei Jahre!«

Drei Jahre lang??? Ich überlegte kurz. Wer bleibt denn so lange zusammen, wenn es nicht gut läuft? Zu diesem Zeitpunkt konnte ich mir das nur schwer vorstellen und fragte nach. Die Dame gab mir folgende Antwort, die mir ans Herz ging und aus der ich lernen möchte:

»Na ja, da ich nicht die nächsten dreißig Jahre in einer zerstrittenen Beziehung leben wollte, habe ich nie aufgegeben, Schritte auf meinen Mann zuzugehen, ihm zu vergeben und ihn zu lieben, so wie er ist. Und er hat das im Gegenzug auch immer wieder getan. Selbst in Krisenzeiten. Ja, das kostete uns viel Kraft und Zeit. Aber soll ich dir was sagen? Wenn wir heute auf unsere gemeinsame Zeit zurückblicken, stellen wir fest: Jedes Mal, wenn wir uns wieder vertragen haben, haben wir uns noch mehr geliebt als zuvor.«

TOBI: Wir können diese Gefühls-Spirale also auch nach oben bauen: Wenn wir regelmäßig in unsere Beziehung investieren – selbst wenn wir uns nicht danach »fühlen« –, dann werden auch die Gefühle folgen. Im Beispiel vorhin kann Anna sich bewusst entscheiden, liebevoll zu Patrick zu sein, auch wenn ihr nach einem anstrengenden Tag nicht danach ist. Im Gegenzug kann Patrick eine Entscheidung treffen, romantische Zeit mit seiner Frau zu verbringen, auch wenn sie sich durch die neue Lebenssituation äußerlich und in ihrer Leichtigkeit verändert hat.

Einem liebenden Verhalten folgen meist liebende Gefühle. So kann Ehe nicht nur »funktionieren«, sondern darüber hinaus sogar wunderschön und ein Segen für beide werden. Dann ist die Liebe nach vierzig Jahren viel tiefer als am Anfang. **Ob Ehe scheitert oder großartig wird, bleibt also nicht dem Zufall überlassen – wir können selber etwas dafür tun!** Wenn wir uns an Gottes Prinzipien halten und gemeinsam mit ihm unsere Ehe bauen, haben wir eine hundertprozentige Chance, dass Ehe etwas unvergleichbar Schönes wird.

Dies war nur eines von vielen Prinzipien aus der Bibel zum Thema Ehe. Schaue dir Podcasts dazu an und lies Bücher. Wir hoffen, du merkst jetzt schon, dass es sich lohnt, noch viel tiefer in das Thema reinzuschauen und dich einmal auf das Abenteuer »Ehe« einzulassen!

Q&A 2 – WO STEHT IN DER BIBEL, DASS ICH KEINEN SEX AUSSERHALB DER EHE HABEN SOLLTE?

TOBI: Wenn wir ganz sicher sein möchten, wo die Bibel überall davon redet, dass Sex nicht außerhalb einer Ehe gelebt werden soll, müssen wir zunächst zwei biblische Begriffe verstehen. Erstens, dass das Wort **»Unreinheit«** Sex vor der Ehe beinhaltet, und zweitens, dass das Wort **»Unzucht«** ebenfalls Sex vor der Ehe miteinschließt. Es sind Sammelbegriffe, die weit mehr als nur Sex vor oder außerhalb der Ehe beinhalten.

Zum Verständnis ein Vergleich: Gehen wir während eines heißen, trockenen Sommers wild campen und sehen ein Schild mit der Aufschrift

»Feuer machen verboten«, sollten wir verstehen, dass damit nicht nur das Lagerfeuer, sondern auch das Camping-Gasbrenner-Feuer gemeint ist. So wissen wir bei jedem Schild im Wald, dass wir auch den Gasbrenner nicht nutzen dürfen, auch wenn dort nicht immer explizit dieser Campingkocher erwähnt wird.

Übertragen wir das Bild auf die Wörter »Unreinheit« und »Unzucht«, dann finden wir plötzlich Dutzende Stellen zum Thema Sex in der Bibel.

ACTIONSTEP

Bevor wir uns dazu Bibelverse anschauen, möchte ich dich an die Voraussetzung in deinem Herzen erinnern: Zu wissen und für dich zu entscheiden, dass Gott gut ist und dass du offen dafür sein willst, dass dein himmlischer Vater zu manchen Themen eine andere Meinung haben könnte als du, hilft dir das folgende Gebet: »Vater im Himmel, ich weiß nicht genau, wie die Antwort aussieht, aber bitte hilf mir, die Wahrheit herauszufinden, selbst wenn sie meiner aktuellen Meinung widersprechen sollte.«

PRINZIP: DAS WORT »UNREINHEIT« IN DER BIBEL BEINHALTET SEX VOR DER EHE

Starten wir jetzt mit dem Wort Unreinheit.

Es gibt sehr viele Stellen, die zeigen, wie wichtig Gott unsere Reinheit ist.[a] Jesus, Gottes Sohn, musste am Ende Mensch werden und unter Schmerzen für uns am Kreuz sterben, damit wir durch ihn wieder rein

[a] Psalm 119,9; NIV: »How can a young person stay on the path of purity? By living according to your word.«

werden können.[67] Paulus ermahnt uns allerdings, dass wir dieses Geschenk Gottes nicht einfach missbrauchen und so weiterleben sollen wie bisher.[68]

Eine Möglichkeit, sich unrein zu machen, ist wie gesagt auch Sex **außerhalb** der eigenen Ehe:

> Angenommen, eine verheiratete Frau geht fremd und wird ihrem Mann untreu. Sie schläft mit einem anderen Mann, ohne dass ihr Mann es bemerkt. Die Frau verheimlicht, dass sie **unrein** geworden ist (...).
>
> 4. MOSE 5,12-13; SIEHE AUCH 5. MOSE 24,1-4

In anderen Worten: Dadurch, dass eine Person mit einer Person schläft, die nicht ihr Ehepartner ist, macht sie sich unrein. Ja, du hast recht – an dieser Stelle können wir noch nicht zu hundert Prozent erkennen, dass Sex vor der Ehe ebenfalls zu Unreinheit führt. Aber das sehen wir an einem anderen Vers, dem Gleichnis über Jerusalem, das Gott in der Bibel benutzt:[b]

> Menschenkind, es waren einmal zwei Frauen, Töchter derselben Mutter. Sie trieben Unzucht in Ägypten. Schon als junge Mädchen trieben sie es dort mit den Männern. Sie ließen sich ihre Brüste streicheln und ihren jugendlichen Busen tätscheln. (...) Doch hinter meinem Rücken wurde Ohola mir untreu und fühlte leidenschaftliche Begierde nach ihren Liebhabern (...). **Mit jedem, den sie begehrte, machte sie sich unrein** (...). Dabei gab sie aber die Unzucht, die sie mit

---

[b] Gott benutzt hier eine Metapher von zwei Frauen, um zu zeigen, wie das Fehlverhalten von seinem Volk in der Vergangenheit (»schon als junge Mädchen«) die Beziehung mit Gott geschädigt hat. Es ist nicht explizit eine Regel zum Thema Sex, aber wir können an dieser Stelle erkennen, dass für ihn völlig klar war, dass Sex vor der Ehe zu Unreinheit führt. Sonst hätte er das Gleichnis nicht genutzt.

> den Ägyptern getrieben hatte, nicht auf, denn diese hatten schon in ihrer Jugend mit ihr geschlafen und ihren jugendlichen Busen getätschelt und sie mit ihrer **Unzucht beschmutzt.**
>
> HESEKIEL 23,2-8[c]

Übertragen auf heute und in unsere Sprache übersetzt: Mit jeder Person, mit der du bei einem One-Night-Stand Sex hast, machst du dich gegenüber deinem/r zukünftigen Ehepartner/in unrein. Dieses Prinzip können wir ebenfalls in dem bereits genannten Gleichnis von Paulus im Neuen Testament entdecken:

> Wie ein Vater seine Tochter mit dem einen Mann verlobt, für den sie bestimmt ist, so habe ich euch mit Christus verlobt, und mir liegt alles daran, ihm eine **reine, unberührte** Braut zuzuführen.
>
> 2. KORINTHER 11,2; NGÜ

Auch hier wieder die Bestätigung: Eine Braut (oder Bräutigam), die schon vorher Sex hatte (»berührt wurde« – das ist ein Ausdruck für Sex[69]), ist nicht mehr vollständig rein (andere Übersetzungen benutzten bei dem Vers sogar den Begriff »reine Jungfrau«[70]).

Zusammengefasst: Das Wort »Unreinheit« in der Bibel beinhaltet also auch das Verhalten, Sex vor der Ehe zu haben.

---

[c] Siehe auch Hesekiel 22,11a: »Der eine treibt abscheuliche Dinge mit der Frau seines Nachbarn, der andere macht seine Schwiegertochter unrein, indem er mit ihr schläft.«

PRINZIP: DAS WORT »UNZUCHT« BEINHALTET SEX VOR DER EHE

Nun zum zweiten Kernbegriff für Sex außerhalb der Ehe: das Wort »Unzucht«, das wir gerade schon in Hesekiel 23 gelesen haben. Dieses Wort kommt auch im Neuen Testament unzählige Male vor. Es steht für jegliches sexuelles Fehlverhalten (griech. »porneia«), das an Gottes Ziel von Sexualität in einer geschützten Ehe vorbeigeht. Wie wir an der Stelle in Hesekiel 23 gerade gesehen haben, beinhaltet Unzucht auch sexuelle Handlungen vor der Ehe (»Denn diese hatten schon in ihrer Jugend mit ihr geschlafen und ihren jugendlichen Busen getätschelt und mit ihrer Unzucht beschmutzt«). Eine andere Stelle ist die am Anfang des Buches erwähnte Stelle in 5. Mose 22, als Gott mit Mose den Fall besprach, wenn ein Mann behauptete, dass seine Frau schon vor der Ehe Sex gehabt hatte:

> Angenommen jedoch, die Anschuldigungen des Mannes sind wahr und die Frau war tatsächlich keine Jungfrau mehr. In diesem Fall sollen die Ältesten die Frau vor die Tür ihres Elternhauses bringen und die Männer der Stadt sollen sie zu Tode steinigen. Sie hat etwas Schändliches in Israel getan, weil sie sich im Haus ihres Vaters wie eine Hure verhalten (wörtlich: Unzucht)[71] hat. Auf diese Weise sollt ihr das Böse aus eurer Mitte entfernen.
>
> 5. MOSE 22,20-22; VGL. 3. MOSE 21,13-15

In anderen Worten: Sex vor der Ehe ist Unzucht und wurde damals sogar mit dem Tod bestraft.

CHRIS: Warum war da Gott so streng?

TOBI: Auch wenn es im ersten Moment komisch klingt, ich glaube, Gott war da so konsequent, weil er sein Volk liebte. Er wusste, dass die Auswirkungen von Unzucht für die Menschheit so verheerend sein würden (entwürdigender Umgang mit Frauen, zerstörerische Beziehungen oder kaputte Familien), dass er zu solch drastischen Erziehungsmaßnahmen greifen musste, damit den Israeliten die Bedeutung von sexuellem Fehlverhalten wirklich tief bewusst wurde. Gott verbietet Unzucht nicht, weil er uns den Spaß verderben will, sondern **weil er uns liebt und sich wünscht, dass wir maximal wertschätzend miteinander umgehen und aufblühen in unseren Beziehungen.**

> **REMINDER**
>
> Es gibt noch viele weitere Stellen, aber es reicht, wenn du dir beim Lesen der Bibel Folgendes merkst:
> - Das Wort »Unreinheit« beinhaltet Sex vor der Ehe.
> - Das Wort »Unzucht« beinhaltet Sex vor der Ehe.

Wenn wir die Bedeutung von Unzucht und (Un-)Reinheit einmal hergeleitet haben und wissen, wofür sie stehen, wäre es ratsam, sich die Dutzende Bibelstellen von Jesus, Paulus, Johannes und Co. zu diesem Thema noch mal durchzulesen:

> Was jedoch aus dem Mund herauskommt, kommt aus dem Herzen, und diese Dinge sind es, die den Menschen **unrein** machen. Denn aus dem Herzen kommen böse Gedanken, Mord, Ehebruch (griech. »moicheia«), **Unzucht** (griech. »porneia«), Diebstahl, falsche Aussagen, Verleumdungen.
>
> MATTHÄUS 15,18-19; NGÜ

Beachte, dass Ehebruch hier sogar deutlich noch mal von Unzucht unterschieden wird.

»Gott möchte, dass ihr heilig seid; deshalb sollt ihr nicht **unzüchtig** leben« (1. Thessalonicher 4,3; NGÜ). Oder auch:

> Ja, ich habe das ungute Gefühl, dass Gott mich euretwegen erneut beschämen wird, wenn ich komme. Und es wird mich traurig machen, dass viele von euch, die gesündigt haben, nicht von ihrer **Unreinheit**, ihrer **Unzucht** und ihren **Begierden** abgelassen haben.
>
> 2. KORINTHER 12,21

> Jetzt noch etwas anderes, Geschwister. Wir haben euch gelehrt, wie ihr leben sollt, um Gott zu gefallen, und ihr handelt auch danach. Doch nun bitten wir euch im Namen des Herrn Jesus mit allem Nachdruck: Macht darin auch weiterhin Fortschritte! Ihr kennt ja die Anweisungen, die wir euch im Auftrag des Herrn Jesus gegeben haben. Gott will, dass ihr ein geheiligtes Leben führt. Dazu gehört, dass ihr euch **von aller sexuellen Sünde** (»porneia« = unzüchtig leben) fernhaltet. Jeder von euch muss lernen, Herr über seine Triebe zu sein, denn euer Leben gehört Gott, und die Menschen sollen Achtung vor euch haben. Lasst euch nicht von **Begierden und Leidenschaften** beherrschen wie die Menschen, die Gott nicht kennen.
>
> 1. THESSALONICHER 4,1-5; NGÜ

> **Weil** ihr Gott gehört, soll es keine **Unzucht, Unreinheit** oder Habgier unter euch geben.
>
> EPHESER 5,3; NGÜ

Nicht falsch verstehen: Achtung, die Bibel sagt in diesen Versen nicht: Du musst ein reines Leben führen, damit du zu Gott gehören darfst, sondern andersherum: **Weil** du ein geliebtes Kind Gottes bist, **weil dir bewusst ist, wie wertvoll du in Gottes Augen bist**, lebst du ein Leben in Reinheit, gehst liebevoll und wertschätzend mit dir und deinen Mitmenschen um.[a]

Weitere Stellen zum Thema Unzucht und Unreinheit: 1. Korinther 6,9-10, Galater 5,19, Judas 3-8, Apostelgeschichte 15,19-21, Offenbarung 2,18-22 und viele mehr.[72]

Das Problem unserer Gesellschaft ist, dass wir die Begriffe, die die Bibel benutzt, nicht verstehen und daher einfach übersehen. Du findest das Prinzip »Kein Sex außerhalb der Ehe« sogar in der Weihnachtsgeschichte, die nun wirklich jeder kennt. Gott schickte den Engel Gabriel nach Nazareth zu einer jungen Frau: »Sie hieß Maria und war mit Josef, einem Mann aus dem Haus Davids, verlobt; Maria war noch unberührt« (Lukas 1,27b; NGÜ). Unberührt heißt, sie hatte noch keinen Sex mit Josef. Der Engel sagte ihr daraufhin, dass sie schwanger werden würde. Maria war verdutzt: »Wie soll das zugehen?«, fragte Maria den Engel. »Ich bin doch noch gar nicht verheiratet!«

In anderen Worten: Für Maria war selbstverständlich, **dass sie noch nicht schwanger sein konnte, weil sie noch nicht verheiratet war** und daher logischerweise auch noch keinen Sex mit einem Mann hatte. Wir ignorieren solche Stellen, weil wir nicht möchten, dass die Aussage »Kein Sex vor der Ehe« dort wirklich aufgeschrieben ist. Allein in dem folgenden Vers steht dreimal drin, dass du auch heute noch keinen Sex vor der Ehe haben solltest:

---

[a] Das ist der Hauptunterschied vom Christentum zu allen anderen Religionen. Alle anderen Religionen sagen: »Lebe dein Leben so vorbildlich, wie man es leben sollte, dann wird Gott dich annehmen, lieben und segnen!« Das Christentum dreht das auf den Kopf: »Nimm Gottes Annahme, Liebe und Segen an, welche er dir durch Jesus am Kreuz geschenkt hat, denn dann, und nur dann, wirst du so leben, wie du leben solltest.«

> Deshalb sollt ihr die Schwächen der Welt in euch abtöten: Haltet euch fern von **Unzucht, Unreinheit, Zügellosigkeit und falschen Leidenschaften.**
>
> KOLOSSER 3,5

Wenn du das Buch komplett gelesen hast, sollten dir alle drei Begriffe vertraut sein.

1. **Prinzip – Unzucht** (griech. »porneia«)
2. **Prinzip – Unreinheit** (griech. »akatharsia«)
3. **Prinzip – Zügellosigkeit und falsche Leidenschaften** = Lust[73] (griech. »pathos« und »kakos epithumia«)

Zusammengefasst: Verstehen wir, wofür Unzucht und (Un-)Reinheit in der Bibel stehen, und untersuchen wir mit einer demütigen Herzenseinstellung Gottes Wort zu diesem Thema, finden sich sehr viele Stellen, die besagen, dass Sex außerhalb der Ehe nicht Gottes Idee für unser Leben ist.

Dieses Wissen bringt manch einen jedoch oft nicht weiter, weil unser Problem ein ganz anderes ist: Wir möchten nicht auf Sex bis zur Ehe verzichten, weil wir unter anderem nicht begreifen, warum das Sinn machen sollte. Daher haben wir zwei Möglichkeiten:

Entweder wir versuchen mehr und mehr die Prinzipien zu verstehen, warum Sex nur innerhalb einer Ehe eine göttliche Idee sein könnte.

Oder wir vertrauen Gott, dass er gut ist, uns liebt und sich deswegen wünscht, dass wir in unserer Sexualität maximal aufblühen können. Dadurch können wir uns sicher sein, dass er einfach besser weiß, was gut für uns ist, auch wenn wir als junger Christ nicht immer ganz verstehen, warum etwas gut für uns sein sollte.

Q&A 3 – IST ES NICHT GANZ NATÜRLICH, DASS ICH MIT VIELEN VERSCHIEDENEN PARTNERN SCHLAFEN WILL?

TOBI: Lass uns mal kurz über den Begriff »natürlich« reden. Es ist zum Beispiel »natürlich«, dass unser Belohnungssystem im Gehirn angeregt wird, wenn wir eine bestimmte Droge zu uns nehmen. Mag sein, dass so ein Verhalten »natürlich« ist, aber an diesem Beispiel sehen wir, dass es nicht immer das Beste für uns ist, natürliches Verhalten auszuleben. Die Folge dieses Drogenbeispiels wäre: »Wir werden kokainabhängig!« Dieses »natürliche« Prinzip wird nun nach und nach unseren Körper und unser Leben zerstören. Viele Dinge, »die von Natur aus so sind«, würden uns schaden oder sogar umbringen, wenn wir keine Selbstbeherrschung hätten, auf sie zu verzichten.[a]

Auch die Bibel kennt die Gefahr, die von bestimmten natürlichen Verhaltensweisen ausgeht:

> Wenn du dich von deiner menschlichen **Natur** bestimmen lässt, führt das zum Tod. Doch wenn der Heilige Geist dich bestimmt, bedeutet das Leben und Frieden.
> RÖMER 8,6[74]

Ist es natürlich, dass wir großzügig spenden? Dass wir unsere Feinde lieben? Dass wir dem Mörder der eigenen Schwester vergeben können?[75] Nein. Aber als Jesus, Gottes Sohn, auf diese Erde kam, stellte er übernatürliche, göttliche Prinzipien vor, welche die Menschheit zu »Leben und Frieden« führen. Jesus begann, eine kaputte Welt wiederherzustellen, so wie Gott sie ursprünglich geschaffen hat.

---

[a] Mit dem Begriff »natürlich« wird oft versucht zu erklären, dass Gott das ja so geschaffen hat. Das ist nicht ganz richtig, weil sich vieles durch den Sündenfall verändert hat. »Ursprünglich« gab es keine Krankheiten, haben Tiere keine anderen Tiere gegessen, gab es keinen Tod, und wir haben uns nicht gegen Gottes Prinzipien gestellt.

Zusammengefasst: Es sollte uns nicht darum gehen, ob es natürlich ist, dass wir mit vielen Partnern schlafen wollen, sondern ob es Gottes Wille und damit das Beste für uns ist.

Q&A 4 – DIE MÄNNER IN DER BIBEL HATTEN DOCH AUCH MEHRERE FRAUEN?

Wenn man in Bibelstellen über Salomo oder David liest, wundert man sich, dass sie so viele Frauen hatten (1. Könige 11,3). Manche Leute argumentieren dann:

»Siehst du, die Bibel behauptet, dass Polygamie erlaubt ist.« Oder: »Wenn du die Bibel befürwortest, müsstest du auch solche Stellen befürworten!«

Wichtiger Tipp: Beim Bibellesen müssen wir immer unterscheiden: Was hat der Mensch gemacht und was hat Gott dazu gesagt? Ja, Salomo hatte viele Frauen. War das Gottes Wille?

Nein! Bereits auf den ersten Seiten der Bibel sagt Gott, dass je ein Mann und eine Frau eine Einheit werden sollen (1. Mose 2,24). Keine fünf, zehn oder hundert. Jesus bekräftigt diese Aussage in Matthäus 19,4-6. Du findest sogar Stellen, bei denen Gott explizit sagt, dass auch ein König wie Salomo nicht viele Frauen haben soll (5. Mose 17,17). Wenn wir die Kapitel komplett anschauen, anstatt einzelne Verse aus dem Kontext zu reißen, sehen wir auch meistens, wie die Geschichte ausgeht: Salomos Polygamie ruiniert sein Leben (1. Könige 11,4ff).

Fazit: Egal, was manche Leute behaupten, was biblisch sei oder nicht, schau dir immer genau an, was Gott dazu gesagt hat und wie die Geschichte ausgegangen ist.

Q&A 5 – ES IST DOCH WICHTIG, IN EINER BEZIEHUNG AUCH KÖRPERLICH EINE BINDUNG AUFZUBAUEN, ODER?

»Warum sollten wir nur persönlich eine Bindung aufbauen, aber nicht körperlich? Das ist doch nicht gut, es muss doch beides wachsen?«

CHRIS: Um das zu verstehen, möchte ich unser aktuelles Dating-Prinzip in Deutschland mal kurz auf den Kopf stellen. Laut Bibel ist das Prinzip einer Ehe grob Folgendes: Wir verlassen unsere bisherige Familie und werden mit unserem Partner eins.[76] Das heißt, die Bindung entsteht genau genommen beim Einswerden. Nicht schon vorher. Das ist auch gut, weil wir sonst die Folgen von Trennungsschmerz erleben. Was wir uns natürlich vorher überlegen müssen: Mit welcher Person wollen wir so eine Bindung eingehen und »eins« werden? Ein körperlicher Bindungsaufbau vor der Ehe, zumindest was Sex angeht, ist beim genauen Hinschauen sogar kontraproduktiv, wenn wir uns für einen Partner entscheiden möchten. Anhand der Geschichte der Eltern eines Freundes möchte ich kurz zeigen, warum:

Auf einer Party während ihres Auslandssemesters lernten sich Carsten und Ulrike kennen und hatten in derselben Nacht Sex. Zurück in Deutschland schlief der Kontakt ein. Als Ulrike aber ein paar Monate später zufällig auf der Suche nach einer Wohnung in seiner Stadt war, bot Carsten ihr an, bei ihm einzuziehen. Nur freundschaftlich natürlich. Es dauerte nicht lange, bis sie in ihrer Wohngemeinschaft wieder miteinander schliefen. Der regelmäßige Sex war ein großer Verstärker, weshalb die Bindung und die Gefühle füreinander immer größer wurden. Sie entschieden sich aufgrund der Anziehung für eine Beziehung und schließlich zu heiraten. Nach einiger Zeit bekamen sie ein Kind.

Das Problem: Diese Mischung aus körperlicher Anziehung sowie der großen Sehnsucht, nicht allein zu sein, übertönte sämtliche offenen »Charakter-Baustellen« der beiden. Sie hatten noch nicht gelernt, sich von ihrem egozentrierten Lebensstil auf einen gemeinsamen zu fokussieren, und drehten sich in der Ehe meist um sich selber. Stolz, fehlende Konfliktfähigkeit, keine Einsicht und Bereitschaft, an eigenen Fehlern zu arbeiten, machten eine aufblühende Ehe sehr schwer. Nach einiger Zeit entschieden sie sich für eine Scheidung. Zurück blieben eine Menge Verletzungen – bei sich selber und ihrem Kind.

Natürlich müssen wir nicht vollständig auf jede körperliche Berührung vor einer Ehe verzichten. Bei Ulrike und Carsten ist jedoch Folgendes passiert: Durch Sex entstand eine Bindung, die so stark darauf Einfluss nahm, dass sie sich trotz einiger großer offener Baustellen entschieden zu heiraten. Hätten sie nicht miteinander geschlafen, wäre die Entscheidung für eine Ehe sehr wahrscheinlich anders oder zumindest später gefallen, nachdem sie ihre Themen angegangen wären.

TOBI: Wenn du das liest, verheiratet bist und vielleicht denkst: »Ach du liebes Lieschen, das ist bei uns auch so gewesen, war das damals ein Fehler mit der Heirat?«, dann entspanne dich, denn ich habe eine gute Nachricht: Mit dem richtigen Mindset und Gott in unserer Mitte können wir aus jeder Beziehung etwas Wunderbares entstehen lassen. Dafür ist es nie zu spät. Es gibt gute (christliche) Ehecoaches, die dich und deinen Partner dabei unterstützen können.[77]

CHRIS: Zurück zu unserem Ausgangspunkt: Die Verstärkung einer Beziehung zweier Menschen durch unsere Hormone ist etwas sehr Gutes und Wunderschönes; allerdings sollten wir sie nicht missbrauchen, **um eine Bindung aufzubauen, sondern um einen Bund zu verstärken** (siehe Kapitel 6.2). Es ist also sehr weise, es am Anfang einer Beziehung mit dem Körperlichen erst mal langsam angehen zu lassen. Wichtiger ist das persönliche Kennenlernen deines Partners. Du möchtest eine gute Entscheidung treffen, ob die Person zu dir passt oder nicht? Dann ist es eine gute Idee, darauf zu achten, dass Hormone und Co. deine Entscheidung nicht vernebeln.

Q&A 6 – WIE WEIT SOLLTEN WIR KÖRPERLICH GEHEN?

CHRIS: Eines Abends, bevor wir auf eine Party gingen, wollte ich mir bereits im Vorhinein überlegen, was ich mit einer Frau, die ich vielleicht kennenlernen würde, machen würde und was nicht. Ich wollte nicht mit ihr nach Hause gehen, aber was war mit Küssen? Oder mit Tanzen? Durfte ich ihre Hand beim Tanzen berühren? Was war okay und was nicht? Vielleicht hört sich das lächerlich an, aber ich wollte wissen, wo genau die Grenze liegt, und diese für mich definieren. Ich war an jenem Nachmittag bei einem jungen christlichen Ehepaar zum Essen eingeladen und fragte sie nach ihrer Meinung. Ihre Antwort hat mir bis heute geholfen, in diesem Punkt Klarheit zu finden: »Chris, die Chance besteht, dass eine Frau, die du heute Abend zufällig beim Feiern triffst, nicht deine Ehefrau wird, richtig? Wenn sie nicht deine Frau ist, dann wird sie wahrscheinlich die Frau eines anderen Mannes werden, die aber gerade mit dir flirtet. Das bedeutet im Gegenzug, dass dann da draußen jemand anderes heute mit deiner zukünftigen Frau unterwegs ist und sie datet. Du solltest also mit der Person, die du heute auf der Party triffst, so umgehen, wie du dir wünschst, dass dieser andere Mann heute deine zukünftige Frau auf einer Party behandelt.«

Dieses Prinzip hatten sie von Jesus:

> **Gehe so mit der zukünftigen Frau eines anderen um, wie der andere mit deiner zukünftigen Frau umgehen soll.**
>
> NACH MATTHÄUS 7,12

Was würdest du wollen? Wie sollte der andere Mann mit deiner Zukünftigen umgehen? Wie sollte die andere Frau mit deinem Zukünftigen umgehen? Die Antwort auf diese Frage war die Erklärung dafür, wie ich mich an diesem Abend gegenüber anderen Frauen verhalten sollte. Du kannst sie selber für dich persönlich beantworten.

Dieses Prinzip können wir aber nicht nur auf eine Party am Abend, sondern auch auf eine Beziehung anwenden. Als ich nach vielen Jahren zum ersten Mal wieder eine Beziehung begann, haben wir uns am Anfang noch nicht mal geküsst. Ich war überrascht und fand das irgendwie blöd. Andererseits waren wir uns tatsächlich noch sehr unsicher, ob wir auch wirklich gut zusammenpassen. Im Nachhinein muss ich zugeben, dass es **sehr schlau**

war, es **körperlich erst mal langsam angehen zu lassen.** Denn vielleicht kennst du das: Je mehr Körperlichkeit du mit jemandem hast, desto mehr Sehnsucht entwickelst du nach der Person. Das ist grundsätzlich etwas super Schönes. Ich habe allerdings bei mir gemerkt, dass die Sehnsucht nach dem Körper meiner Freundin stärker wurde als nach dem Menschen an sich. **Die Sehnsucht nach körperlicher Intimität ist entstanden, unabhängig davon, ob wir gut zusammenpassten oder nicht.**

Hätte ich gern in dieser Kennenlernphase den ganzen Abend knutschend auf dem Sofa gelegen? Ja, natürlich! Aber was ihr und mir noch wichtiger war, war, eine gute Entscheidung zu treffen, ob wir den Rest unseres Lebens miteinander verbringen wollen, und wir wollten verhindern, dass Hormone unsere Sicht vernebeln. Es wäre einfach gewesen, den ganzen Abend eng umschlungen im Bett zu liegen und dadurch eine gute Zeit zu haben. So mussten wir rausfinden, ob wir auch außerhalb des Bettes gut zusammenmatchen.

Bei uns war es tatsächlich so, dass wir nach einem halben Jahr gemerkt haben, dass wir nicht sehr gut zusammenpassen, und wir haben uns wieder getrennt. Eine Beziehung wieder zu beenden, ist an sich genauso normal, wie eine Beziehung zu starten. Wichtig ist, mit der anderen Person zu jeder Zeit in Ehre und in Wertschätzung umzugehen. Deine Freundin oder dein Freund ist eine geliebte Tochter bzw. Sohn Gottes. Du datest also eine Tochter oder einen Sohn Gottes! Geh dementsprechend auch mit ihr oder ihm um.

Während des Datings und der Beziehung fanden wir es blöd, im Nachhinein waren wir jedoch beide sehr dankbar, dass wir körperlich noch nicht so weit gegangen sind. Sie/er ist es wert und die positive Folge eines solchen Verhaltens ist, dass Verletzungen reduziert werden und wir uns einfacher aufs Dating einlassen können.

Q&A 7 – YOU WANT TO TRY BEFORE YOU BUY?

TOBI: Ein junger Mann sagte mir einmal: »Ich muss sie doch vorher testen, sonst stellen wir nach der Heirat eventuell fest, dass wir keinen guten Sex zusammen haben!«[a] Wenn wir mit dem Sex bis zur Ehe warten, werden wir definitiv in der Hochzeitsnacht feststellen, dass es (noch) nicht der Sex ist, wie er in Liebesfilmen gezeigt wird. Sex ist, genau wie viele anderen Dinge, etwas, das wir erst üben müssen (siehe Q&A davor).

Um die Frage des Jungen zu beantworten, hilft es, sich kurz anzuschauen, woher diese Sorge kommt. Heute haben viele junge Erwachsene Sex mit vielen verschiedenen Partnern. Dabei stellen sie fest, dass es mit manchen Partnern schöner ist als mit anderen. Der Grund ist jedoch meistens nicht, dass sie körperlich besser zusammenpassen, sondern dass es **z. B. egoistisch motivierter Sex** ist. Insbesondere bei One-Night-Stands ist einem die andere Person oft völlig egal, und es geht einem in erster Linie um sich selber (siehe Kapitel Lust). Das macht den Sex natürlich nicht besonders schön für den anderen.

Würden wir mehr in der Bibel lesen, hätten wir vielleicht diese Bibelstelle in 1. Korinther 7 entdeckt:

> The wife's body is not her but her husband's. And the husband's body is not his but his wife's.
>
> 1. KORINTHER 7,4

Dieser Gedanke von Paulus war für mich faszinierend: **Könnte es sein, dass der Zweck der Erfindung der Sexualität war, nicht in erster Linie Freude zu bekommen, sondern Freude zu geben?**

---

[a] Wenn ein verheiratetes Paar schlechten Sex hat, kann das verschiedene Gründe haben. Eine noch nicht antrainierte Kommunikationskultur, fehlendes Vertrauen, Minderwert. Das sind Themen, die nichts mit einem vorherigen »Testen« zu tun haben, sondern die wir auf dem Weg in einer Beziehung Schritt für Schritt mit Gottes Hilfe angehen dürfen.

Also dass deine von Gott gegebene sexuelle Funktion erst mal nicht ausschließlich nur für dich sein könnte, sondern ein Geschenk an deine Partnerin oder deinen Partner ist?

Als ein Ehepaar zu Timothy Keller kam und berichtete, Sex würde ihnen keinen Spass machen und ihr Partner würde sie nicht befriedigen, sagte er: »Also, ich bin kein Therapeut, aber ich habe 1. Korinther 7 gelesen. Deshalb frage ich mich, ob wir mal Folgendes versuchen könnten: Ihr habt in der nächsten Woche regelmäßig Sex, unabhängig davon, ob euch danach ist oder nicht (...), und wenn ihr miteinander schlaft, macht euch bitte keine Gedanken darüber, ob es euch selber Freude macht, sondern nur darüber, wie ihr Freude geben könnt. Konzentriert euch nicht einmal darauf, wie ihr euch fühlt oder ob es euch erregt. Macht euch einfach bewusst: Meine Aufgabe hier ist es, der anderen Person so viel Freude zu geben wie möglich. Könnt ihr das versuchen?«

Sie schauten ihn an und sagten: »Das klingt wirklich seltsam, aber in Ordnung.«

Nach einer Woche fragte er sie bei einem nächsten Treffen, wie es war. Sie meinten: »Komisch.« Nach zwei Wochen erzählten sie, es sei besser, und nach vier Wochen sagten sie: »Das ist großartig!«[78]

Was das junge Paar bis zu diesem Zeitpunkt gemacht hatte, wird auch »Ego-Sex« genannt. Ein egoistisch motivierter Sex zweier Personen, denen es an erster Stelle um die eigene Befriedigung geht. Beim Sex geht es jedoch nicht in erster Linie um dich. Keller sagt dazu:

»Sex ist nicht wie essen. Unsere sexuelle Fähigkeit ist nicht primär für uns. Gott hat uns diese Fähigkeit nicht gegeben, um etwas zu bekommen, sondern um etwas geben zu können.

Menschen, die den Höhepunkt einer göttlichen sexuellen Leidenschaft innerhalb der Ehe erlebt haben, wissen Folgendes: Der Höhepunkt sexuellen Genusses ist die Freude, diesen Genuss dem anderen zu geben. Der Höhepunkt sexueller Befriedigung ist zu erleben, dass du deinem Partner diese Erfüllung schenkst – und dies ist die größte Befriedigung und Erregung zugleich.«[79]

In dem sicheren Rahmen einer Ehe, in der gegenseitige Wertschätzung und Vertrauen gelebt wird und in der wir die andere Person lieben und glücklich machen möchten, können wir trainieren, offen und ehrlich über eigene Wünsche und auch über intime Themen zu sprechen. In einem solchen Rahmen, in dem Sexualität nicht als gegenseitiges Nehmen, sondern Geben gelebt wird, wird Sex über Jahre besser.

Q&A 8 – IST KEIN SEX VOR DER EHE EINE GARANTIE FÜR GUTEN SEX IN DER EHE?

TOBI: In diesem Q&A möchte ich eine Frage ansprechen und beantworten, die immer wieder an mich herangetragen wird:

»Ein Ehepaar, bei dem beide Personen christlich erzogen wurden, hat bis zur Ehe mit dem Sex gewartet und nach dem Heiraten trotzdem eher mäßig guten Sex mit Ausbaupotenzial. Ein anderes Ehepaar hingegen erzählte, dass beide Partner schon vorher mit anderen Personen Sex hatten und nun hervorragenden Sex zusammen haben. Ist es also für manche besser, schon vor der Ehe mit anderen zu schlafen?«

Meine Antwort dazu: Nur weil du mit dem Sex bis zur Ehe wartest, ist das noch keine Garantie dafür, dass du in der Ehe dann automatisch den perfekten Sex haben wirst. Eine glückliche Sexualität besteht aus noch vielen weiteren Faktoren (einem gesunden Selbstwert, einer Beziehung, die von gegenseitiger Wertschätzung, Vertrauen, Sicherheit und Liebe geprägt ist, einem gesunden Bild über die Schönheit von Sexualität, Umgang mit Stress oder Konflikten im Alltag u.v.m.).

Vorehelicher Geschlechtsverkehr ist nicht der einzige Einflussfaktor für eine schöne Sexualität, aber der größte Einflussfaktor auf die Reinheit im Bereich Intimität!

Q&A 9 – SOLLEN WIR SCHNELL HEIRATEN, DAMIT WIR ENDLICH MITEINANDER SCHLAFEN KÖNNEN?

TOBI: Hier ist eine gefährliche Falle, in die wir leicht fallen können. Vielleicht sagst du jetzt nach den bisherigen Kapiteln: »Okay, ich habe keinen Sex vor der Ehe«, heiratest dann zügig, damit du endlich mit deiner Freundin/deinem Freund schlafen kannst, und bemerkst gar nicht, dass dein Hauptmotiv für die Heirat der Sex bzw. der Körper deines Partners ist.[a] Nach außen sind wir dann Vorzeigechristen, weil wir mit Sex bis zur Ehe warten. Der reine Verzicht verändert jedoch erst mal gar nichts in unserem Herzen. Doch genau auf unser Herz kommt es laut Bibel an:[80]

> Der Mensch meint vielleicht, er tut das Richtige, aber der Herr prüft die Herzen.
>
> SPRÜCHE 21,2[81]

Wenn wir also jemanden endlich heiraten wollen, nur um mit der Person Sex zu haben, wäre das »unkontrollierte Lust«. **Das ist vor allem dann fatal, wenn wir jemanden heiraten, obwohl derjenige von seiner Persönlichkeit her eine Katastrophe ist und nicht zu uns passt.**

Ich wünsche dir, dass du dich für eine Frau oder einen Mann aus einer Freiheit heraus entscheiden kannst. Nicht weil deine Lust dich kontrolliert, nicht weil du einfach nur den Körper des anderen begehrst, nicht weil du nicht mehr allein sein möchtest, sondern weil dein Partner menschlich und charakterlich gut zu dir passt und du ihn liebst.

Q&A 10 – WAS IST DAS PROBLEM MIT PORNOGRAFIE?

---

[a] Lust kann übrigens genauso in einer Beziehung oder Ehe vorkommen. Sexuelle Anziehung ist ein wichtiger Bestandteil einer Beziehung, aber wenn es das Fundament ist, wird sie geprägt von einem gegenseitigen Ausnutzen.

TOBI: Wenn wir Pornos schauen, haben wir regelmäßig in unserem Kopf Sex mit verschiedenen Personen, die oft mit übernatürlichen körperlichen Merkmalen ausgerüstet wurden und alles machen, was von ihnen verlangt wird. Wenn wir dann mit unserem »echten« Partner schlafen, ist es keine Überraschung, dass wir früher oder später anfangen, sie mit den Darstellern aus den Sex-Filmen zu vergleichen, und zu Unrecht unglücklich und unzufrieden werden. Denn Menschen, die nicht als Pornodarsteller arbeiten, sind nicht immer auf Knopfdruck willig und finden alles geil und super, was wir uns in unseren Fantasien vorstellen.

Wenn es unser Ziel ist, einen bestmöglichen Sex mit unserem zukünftigen Partner über sechzig Jahre lang bis zum Ende unseres Lebens zu haben, dann verzichten wir dafür gerne auf Pornografie. Es gibt Dutzende wissenschaftliche Studien, sogar von nicht christlichen Organisationen, die vor den zerstörerischen Konsequenzen von Pornografie auf die Beziehung warnen.[82] Mehr Informationen zu dem Thema und praktische Tipps, um von Pornografieabhängigkeit frei zu werden, findest du unter *www.free-indeed.de.*

Q&A 11 – WAS IST DAS PROBLEM MIT SELBSTBEFRIEDIGUNG?

TOBI: Die Selbstbefriedigung. Auch so ein heißes Eisen, auf das mich Menschen immer wieder ansprechen und über das man eigentlich viel mehr als nur einen kleinen Absatz schreiben müsste, um allen Fragen gerecht zu werden. Es gibt vereinzelnd Christen, denen als Jugendliche bewusst oder unterbewusst beigebracht wird, dass ihre Geschlechtsorgane etwas Böses sind. Das ist nicht der Fall! Sie sind etwas Wunderbares, ein Geschenk, gemacht von Gott. Die Bibel sagt nicht direkt etwas über das Thema Masturbation. Aber ich möchte an dieser Stelle zumindest einen Aspekt unseres aktuellen Umgangs in der Gesellschaft mit Selbstbefriedigung anschneiden, der aus meiner Sicht mit den biblischen Prinzipien von Sexualität konkurriert: Bei der Selbstbefriedigung fokussieren wir uns darauf, dass die eigene Befriedigung Priorität hat. Vorhin im Q&A habe ich anhand von 1. Korinther 7,4 gezeigt, dass der Zweck der Erfindung der Sexualität laut Bibel nicht in erster Linie ist, Freude zu bekommen, sondern Freude zu geben. Bei regelmäßiger »Selbst«-Befriedigung (wie der Name schon sagt) trainieren wir uns also in unserem Herzen genau das Gegenteil an: **dass es in der Sexualität in erster Linie um uns selber geht.**[83] Die Wahrscheinlichkeit besteht, dass sich dieses Ego-Sex-Verhalten auf den späteren Sex mit dem Ehepartner überträgt.

Q&A 12 – ENTSTEHT DRUCK IN DEN HODEN, WENN ICH SO LANGE AUF SEX VERZICHTE?

CHRIS: Es gibt das Gerücht, dass durch einen Samenstau Druck in den Hoden entstehen könnte, wenn Männer lange Zeit keinen Sex oder keine Selbstbefriedigung haben. Es ist erstaunlich, wie viele Menschen, sowohl Männer als auch Frauen, diesen Mythos glauben, anstatt in der Biologie oder Medizin mal nachzulesen, ob das überhaupt möglich ist. Dieses Gerücht ist genauso Unsinn, als würde der Eierstock einer Frau platzen, wenn sie nicht einmal im Monat einen Eisprung hat. Beim Mann werden ungebrauchte Spermien vom Körper resorbiert oder einfach beim Pinkeln ausgestoßen! Ein dauerhafter Rückstau von Samenflüssigkeit wird so vermieden.[84]

Q&A 13 – WIE GEHE ICH DAMIT UM, WENN ANDERE MICH FÜR MEINE SICHTWEISE MOBBEN?

CHRIS: Vielleicht hast du schon bei meiner Geschichte am Anfang gemerkt, welche Rolle der Selbstwert von jungen Menschen spielt, wenn sie sich entscheiden, vor der Ehe Sex zu haben. Wenn eine junge Frau mit einem Mann zunächst nicht schlafen möchte, trifft er mit Sätzen wie »Du bist kindisch!«, »Du traust dich doch eh nicht« usw. ihre Identität. Es sind genau diese Sprüche, weshalb sich ein junges Mädchen plötzlich auf etwas einlässt, das sie sonst niemals machen würde. Sie lässt sich vor allem dann überreden, wenn sie sich noch unsicher bezüglich ihrer Identität ist, wenn sie sich fragt, ob sie schön oder wertvoll genug ist. Tief in uns liegt die Sehnsucht, geliebt, begehrt und gewollt zu sein (das ändert sich übrigens nie, egal wie alt du bist). Wenn ein Mann von Lust beherrscht wird, nutzt er genau diese Sehnsucht einer Frau, wenn auch manchmal unterbewusst, zu seinem eigenen Vorteil aus. Bei Männern ist es allerdings nicht anders. Sie hören Sätze wie: »Na, hast du sie schon flachgelegt?«, »Mit wie vielen Frauen hast du schon geschlafen?« Manchmal ist bei uns Männern der Hauptgrund, eine Frau ins Bett zu kriegen, es sich selber oder anderen Männern zu beweisen. Ich habe selber bei mir bemerkt, wie das Gefühl von Anerkennung ein großer Antreiber bei One-Night-Stands war.

»**Lust** mag der Grund sein, weshalb ein Mann mit einer **schönen** Frau schläft, **aber zumindest schürt Lust in ihm das Begehren nach ihr.** Stolz hingegen treibt einen Mann dazu, mit einer schönen Frau zu schlafen, einfach nur um zu beweisen, dass er es kann, **und das besser als all die anderen.**«[85]

[a] Wenn du das hier liest und vielleicht nicht verstehst, wie das funktionieren soll, dann empfehle ich dir das Buch »Move – Entdecke das Leben« zu lesen. Dort erkläre ich dir die Basics des Glaubens und wie Gott deinen Selbstwert stärken kann.

Unser Minderwert bzw. unser ungesunder Stolz verändert sich, sobald wir uns mit der guten Nachricht aus der Bibel beschäftigen. Je mehr wir verstehen, was eigentlich an diesem Kreuz vor zweitausend Jahren passiert ist, desto mehr werden wir begreifen, wie sehr Jesus uns liebt. Diese neue Identität als Kind Gottes stillt immer mehr unseren Hunger nach menschlicher Anerkennung und unseren Durst, von anderen geliebt zu sein.[a]

Ich bin noch weit davon entfernt, so zu empfinden, aber jeder kleine Schritt in diese Richtung hat mir geholfen, freier zu werden. Es verändert uns, wenn wir nicht mehr durch sexuelle Erfahrungen unseren Selbstwert pushen müssen. Das kann dabei helfen, dass wir uns nicht in unserer Identität angegriffen fühlen, wenn uns Freunde wegen unserer anderen Einstellung zum Thema Sexualität als prüde, altmodisch oder kindisch bezeichnen.

Q&A 14 – ICH KANN MIR NICHT VORSTELLEN, SO LANGE AUF SEX ZU VERZICHTEN.

CHRIS: Vor allem am Anfang meines Entschlusses konnte ich mir nicht vorstellen, noch so lange auf Sex zu warten. Ich war Anfang zwanzig und wollte irgendwann mit dreißig heiraten. Zehn Jahre auf Sex warten? Allein bei dem Gedanken daran regte sich in mir Widerstand. Eine Predigt von Kathy Keller, Tims Ehefrau, half mir, eine völlig neue Sichtweise auf solche Situationen zu bekommen:

»Gott schenkt einem die Kraft für solche Herausforderungen nicht in einem 50, in diesem Fall 10 Jahre-Paket. Also auf einen Schlag. Sondern er gibt uns die Kraft und schenkt Durchhaltevermögen Tag für Tag.«[86]

Gott gab den Israeliten in der Wüste nicht Essen für die nächsten vierzig Jahre auf einmal, sondern jeweils jeden Tag aufs Neue. Er möchte unser Versorger sei. Und bietet uns an, dass wir uns durch die Verbundenheit mit ihm jeden Tag aufs Neue die Kraft, die Freude und die Liebe für all die Herausforderungen in unserem Alltag von ihm abholen.

Wenn du das Gefühl hast, Gott hat dir nicht die Fähigkeit gegeben, zehn Jahre auf Sex zu verzichten, liegt das daran, dass er das auch nicht gemacht hat! **Aber er hat dir alles gegeben, um HEUTE gut damit zurechtzukommen.** Und das Gleiche wird er morgen tun.

In dem berühmten Roman »Momo« von Michael Ende erklärt ein Straßenfeger einem kleinen Mädchen, wie er es schafft, jeden Tag eine unendlich lange Straße mit einem Besen zu fegen. Seine Antwort hat ein bisschen was mit der Q&A-Frage zu tun. »Weißt du«, sagt er, »ich sehe nicht diese endlose Straße und die ganze Arbeit! Ich schaue immer nur auf den nächsten Schritt und den nächsten Besen-Zug. Irgendwann drehe ich mich dann um und bemerke: Oh, ich habe es ja schon geschafft, und ich freue mich, dass ich mein Ziel erreicht habe!«[87]

Ähnlich habe ich es auch im Bereich Sexualität erlebt. Mit zwanzig hat mich die Vorstellung erschlagen, so lange auf Sex zu verzichten. Heute mit dreißig schaue ich zurück und muss zugeben, dass es gar nicht so schwer war. Das Geheimnis lag aber vor allem darin, dass ich stets mein höheres Ziel vor Augen hatte, auf das ich mich freute: die Schönheit von exklusiver Intimität mit meiner zukünftigen Frau zu erleben. Wenn dieses Ziel für dich um ein Vielfaches schöner wird als das Ziel, heute schon mit anderen Frauen bzw. Männern zu schlafen, wird es plötzlich sehr leicht, bis zur Ehe zu warten.[a]

---

[a] Ein Beispiel zum Thema höheres Ziel aus der Bibel: Weil Jakob das Ziel hatte, Rahel zu heiraten, die er so liebte, kam ihm die harte Arbeit nicht wie eine einengende Vorschrift vor, sondern die sieben Jahre »Schuften« vergingen wie im Flug: »So arbeitete Jakob sieben Jahre für Rahel, und weil er sie liebte, kam ihm die Zeit wie ein paar Tage vor« (1. Mose 29,20; EÜ).

DANKE

Seit einigen Jahren haben Chris und ich dieses Buchprojekt auf dem Herzen und sind unglaublich dankbar, dass wir es nun realisieren konnten! Aber ohne die Hilfe und Unterstützung vieler Menschen, die Gott uns zur Seite gestellt hat, wäre das nicht möglich gewesen.
Deshalb gilt an erster Stelle unser Dank dir, Jesus! Du bist unsere Kraftquelle und Inspiration – bei allem, was wir tun!

Ebenfalls ein riesiges Merci geht an:
Dr. Timothy Keller – deine Predigten haben uns maßgeblich bei diesem Buch inspiriert. Viele Gedanken von dir sind in diese Texte eingeflossen.
Clemens Lutter – zum einen, weil du als »Master of Projekt-Orga« perfekt die Fäden in der Hand hattest. Und zum anderen … (hier übergebe ich kurz an Chris):
… weil ihr – du und Michael Keller – mich als Mentoren einen wichtigen Teil des Weges zu diesem Thema begleitet habt. Ihr habt euch immer wieder mit viel Liebe und Geduld die Zeit genommen, um meine kritischen Fragen zu beantworten, mit mir gemeinsam Gott im Gebet zu befragen und zusammen in die Bibel zu schauen. Ohne euch wäre ich nicht da, wo ich heute stehe!

Außerdem danken wir:
Claudia Elsen – für deine enorme Unterstützung beim Schreiben dieses Buches. Ohne dein liebevolles Herz, deine vielen kreativen Ideen beim Schreiben und deine Perspektive als Frau auf dieses Thema wäre das Buch nicht zu dem geworden, was es heute ist.

Sophia Lasson, Annika Kloska und **Jonathan Frost** – eure Kreativität beim Design und den Illustrationen hat das Buch auf ein »next level« gehoben.

Katharina Töws und **Annalena Pabst**, unsere Ansprechpartner beim SCM Verlag. Danke für eure vielen genialen Verbesserungsvorschläge und für die Extrameilen, die ihr mit uns gegangen seid!

Den Granaten aus unserem **Research-Team**! Ihr seid Recherche-Genies! **Pia, Christine, Lutz** und **Alexander**, dass ihr uns mit eurer Expertise als Molekularbiologen, Psychologin und Biophysiker beim Erstellen des wissenschaftlichen Teils unterstützt habt.

Franzi, Isi, Jana sowie einige anonym bleibende Lieblingsmenschen von uns – für das ehrliche Erzählen aus eurem Leben! Eure Interviews haben das Buch noch mal mit völlig neuen Perspektiven bereichert.

Joe Baer – fürs gemeinsame Überarbeiten der ersten Version – sowie Sepp, Silas, Andi, Svenja, Johanna, Johannes, Jeff, Sarah, Stefanie und Seve für euer Feedback. Viele eurer inspirierenden Gedanken haben dieses Buch geprägt und geformt.

Meiner Familie, Frauke und Bene – danke, dass ihr mich in meinen Projekten unterstützt und immer wieder freisetzt.

Und danke natürlich unserer gesamten **ICF-Family**!

Euer Feedback und eure Anregungen waren Antrieb für dieses Buch. Danke für eure Liebe zu Jesus und zu den Menschen, die auf der Suche sind und denen ihr ein geistliches Zuhause gebt!

DANKE

LIEBE LESERIN, LIEBER LESER,

vielen Dank, dass du dir die Zeit genommen hast, dich mit diesem Thema zu beschäftigen. Es ist unser Gebet, dass die Gedanken und Geschichten ein Segen für deinen weiteren Lebensweg sein werden. Wenn dir das Buch gefallen hat, würden wir uns sehr über deine positive Bewertung im Buchshop (www.scm-shop.de) oder eine Weiterempfehlung an Freunde freuen, damit noch weitere Menschen ermutigt werden, sich mit dem Thema auseinanderzusetzen.

Danke schön!

Tobias und Christian

ANHANG

PODCAST-VERTIEFUNGSMÖGLICHKEITEN

CHRIS: Hier ist eine Auswahl aus unserem Research-Team an grandiosen Podcasts, die dir helfen, noch tiefer in das Thema einzusteigen.

EHE

Tobias Teichen – Happy Marriage

Johannes Hartl – Die Kunst, eine Frau/einen Mann zu lieben

Timothy Keller – Marriage as Commitment and Priority (F) (E)

SEX

Tobias Teichen – Warum mit Sex bis zur Ehe warten

Andy Stanely – The new Rules for Love, Sex & Dating, Part 3 (E)

Timothy Keller – Sex (F) (E)

DATING

Tobias Teichen – Dating

Ben Stuart – How to Date (E)

Michael Todd – Single, not alone (E)

GLAUBEN ALLGEMEIN

Tobias Teichen – Gott (Move-Serie)

Johannes Hartl – Existiert Gott? Kritische Fragen – rationale Antworten

Timothy Keller – Who is this Jesus? (F) (E)

Legende: (F) Fortgeschrittene, (E) englisch

Anmerkung: Alle Timothy-Keller-Podcasts findest du auf *www.gospelinlife.com*, alle anderen auf YouTube.

ANMERKUNGEN

1 Z. B. aus der Predigt »Let's talk about sex, baby, Vol. 1« im ICF München im April 2018. https://www.youtube.com/watch?v=CCOiY-7n2Qc (zuletzt aufgerufen am 18.03.2021).

2 https://www.bunte.de/film/will-smith-offene-beziehung-mit-ehefrau-jada-122270.html (zuletzt aufgerufen am 18.03.2021).

3 Vgl. dazu Hohelied 7,12-13; NLB.

4 Z. B. Hohelied 5,13-14; NLB – das hebräische Wort me'ah kann auch als »Uterus«, bei Männern als »Unterleib« übersetzt werden; shen kann mit »Elfenbein, Stoßzahn« übersetzt werden.

5 Vgl. dazu Jakobus 1,23-25.

6 Zwei Stellen als Kurzfassung wären 1. Korinther 7,1-5; NLB, in der Paulus der These widerspricht, dass wir uns von Sex fernhalten sollen, und 1. Thessalonicher 4,3-5; LUT, in der Paulus erklärt, dass wir mit unserer Sexualität wertschätzend umgehen sollen.

7 Andy Stanley: The new rules for love, sex & dating, Part 3 of 4: Designer Sex, North Point Community Church, 05/2011.

8 Der Beweis, dass Gott wirklich gut ist: Wir sind ihm so wichtig, dass er seinen einzigen Sohn für uns hingegeben hat, damit wir bei ihm sein können. Buchempfehlung zu diesem Thema: Move (ICF).

9 Siehe z. B. einen Vers später in 5. Mose 22,22.

10 Ein Beispiel zu »Sex vor der Ehe« ist die Weihnachtsgeschichte, die wir uns jedes Jahr an Heiligabend vorlesen. Der Heilige Geist sagte Maria, dass sie schwanger werden würde. Maria wunderte sich, wie das gehen sollte, denn sie hatte mit Josef noch keinen Geschlechtsverkehr. Warum nicht? Weil sie noch nicht verheiratet waren. Siehe Lukas 1,27-34; NGÜ.

11 Der jüdische Talmud gibt eine Empfehlung, ab welchem Alter ein jüdischer Mann heiraten sollte: »Eighteen [is the age] for the [wedding] canopy« (Talmud Traktat Pirkej Avot 5,21). Da es nur eine Empfehlung ist, kann es sein, dass manche schon früher, andere aber auch erst später geheiratet haben.

12 Diese Ansicht wird zum Beispiel auch von Francis S. Collins geteilt, Direktor des National Institute of Health, der u.a. das Projekt zur Entschlüsselung des menschlichen Genoms leitete. Als einer der führenden Wissenschaftler der USA lernte er im Laufe der Zeit Gott kennen und begründet heute Glaube fundiert mit Wissenschaft. Francis Collins: The Language of God. A Scientist Presents Evidence for Belief, London: Simon & Schuster, 2006. Deutsche gläubige Wissenschaftler findest du u.a. hier: www.begruendet-glauben.org oder www.iguw.de (beide zuletzt aufgerufen am 28.04.2021).

13 Zum Beispiel: »Das oxytonerge System spielt speziesübergreifend aber auch eine zentrale Rolle in der Ausbildung zwischenmenschlicher Bindungen« (K. Bertsch und S. C. Herpertz: »Oxytocin – ein prosoziales Hormon: Effekte in und außerhalb des Wochenbetts«, Gynäkologische Endokrinologie 9, no. 1 (Februar 2011): 36–40 (Zitat auf Seite 36)).

14 I. Gordon, O. Zagoory-Sharon, J. F. Leckman, R. Feldman: Oxytocin and the development of parenting in humans, Biol Psychiatry 68:377-382. Siehe auch: http://babyreference.com/bonding-matters-the-chemistry-of-attachment/(zuletzt aufgerufen am 19.03.2021)

15 Keverne, E. B. und Kendrick, K. M.: Oxytocin Facilitation of Maternal Behavior in Sheep. Annals of the New York Academy of Sciences (1992), 652 (1), 83–101. Ein ähnlicher Versuch wurde auch bei Ratten durchgeführt: Pedersen, CA. et al. (1982). Oxytocin induces maternal behavior in virgin female rats. Science 4 546, 648-65.

16 »(…) plasma oxytocin levels are elevated at the time of orgasm in women, and similar plasma AVP concentrations increase during sexual arousal in men«, (frei übersetzt: » der Plasma-Oxytocin-Spiegel ist zum Zeitpunkt des Orgasmus bei Frauen erhöht und die Plasma-AVP-Konzentration steigt während der sexuellen Erregung bei Männern ähnlich an.«), in: L. J. Young, Z. Wang: Originalquellen: The neurobiology of pair bonding, Nat Neurosci 7, 1 048-1054 (Zitat stammt von Seite 1052). M. S. Carmichael et al. Plasma oxytocin increa-

ses in the human sexual response, in: J. Clin. Endocrinol. Metab. 64, 27–31 (1987), M. R. Murphy, J. R. Seckl, S. Burton, S. A. Checkley S. A. & S. L. Lightman: Changes in oxytocin and vasopressin secretion during sexual activity in men, J. Clin. Endocrinol. Metab. 65, 738-741 (1987). Siehe auch: »Die Stimulation des Gebärmutterhalses und der Brustwarzen während der sexuellen Intimität sind starke Freisetzer von Oxytocin im Gehirn und können dazu dienen, die emotionale Bindung zwischen den Partnern zu stärken.« – Dr. Larry J. Young, Direktor des Zentrums für Translationale Soziale Neurowissenschaften«, Quelle: https://www.nature.com/articles/457148a (zuletzt aufgerufen am 25.02.2021).

17 »Eine Studie konnte zeigen, dass nach einer Massage der Oxytocingehalt um 17% steigt, wohingegen dieser beim Orgasmus um das Doppelte bis ein Mehrfaches ansteigt.« – V. Morhenn et al.: Massage increases oxytocin and reduces adrenocorticotropin hormone in humans. Altern Ther Health Med. (2012), 18 (6), 11–8. »Der Oxytocingehalt steigt bei den Männern um das Doppelte, jedoch erreichte der Wert in dieser Studie keine Signifikanz, welcher deshalb in dieser Studie nur als Tendenz angenommen werden muss.« – TH Krüger et al.: Specificity of the neuroendocrine response to orgasm during sexual arousal in men. J. Endocrinol. 177 (1), 57–64. »Der Oxytocingehalt bei Frauen, die beim Sex einen Orgasmus haben, steigt um das Doppelte an.« – S. Caruso et al.: Oxytocin plasma levels in orgasmic and anorgasmic women. Gynecol Endocrinol (2018), 34 (1), 69–72. (Jeweils frei übersetzt.)

18 »In dieser Übersichtsstudie wird darauf eingegangen, wie das soziale Neuropeptid Oxytocin mit klassischen Modulatoren des Belohnungssystems, einschließlich Dopamin und endogenen Opioiden, während der Bildung und Aufrechterhaltung von sozialen Bindungen interagiert.« – MK Loth u. ZR Donaldson: Oxytocin, Dopamine, and Opioid Interactions Underlying Pair Bonding: Highlighting a Potential Role for Microglia. Endocrinology 1 (2021), 162 (2), 223. (Frei übersetzt.)

19 Siehe z. B. »Junge Frau: Nachts in meinem Bett sehnte ich mich nach ihm, den meine Seele liebt, ich sehnte mich nach ihm, doch ich fand ihn nicht« (Hoheslied 3,1; NLB).

20 »Die Paarbindungsmechanismen, also die Fähigkeit, multimodale sensorische Informationen von unserem Partner in die mentale Sprache der Romantik zu übersetzen, unterliegt einem komplexen neurologischen Schaltkreis in dem Oxytocin, Vasopressin und Dopamin eine tragende Rolle spielen.« – H. Walum u. L. J. Young: The neural mechanisms and circuitry of the pair bond. Nat Rev Neurosci (2018), 19 (11), 643–654. Siehe auch: »Die Ausbildung der Monogamie beruht nicht auf einem Gen, welches in allen monogamen Spezies vorkommt, sondern ist von Spezies zu Spezies unterschiedlich und muss deshalb auf verschiedenen Genen beruhen.« – S. Fink, S. et al.: Mammalian monogamy is not controlled by a single gene. Proceedings of the National Academy of Sciences, (2006), 103 (29), 10956–10960. Siehe auch: »Diese Übersichtsstudie beschreibt, was bisher erreicht wurde und was von der Erforschung der Rolle des Oxytocins bei der Gestaltung des Sozialverhaltens von non-humanen Primaten in den kommenden Jahren erwartet werden kann.« – P. T. Putnam et al.. Bridging the gap between rodents and humans. The role of non-human primates in oxytocin research. American Journal of Primatology (2018), 80 (10). (Jeweils frei übersetzt.)

21 Im Hebräischen steht hier das Wort »basar«. Dass das hebräische (und griechische im NT) Wort für mehr als nur »Fleisch« steht, sieht man, wenn man sich weitere Stellen in der Bibel anschaut, wo das gleiche Wort verwendet wird: z. B. Jesaja 40,5; 1. Mose 6,19; Lukas 3,6; Matthäus 16,17 u. v. m.

22 Das hebräische Wort für »an seine Frau binden« (dabhaq) kann als »verkleben« übersetzt werden.

23 Siehe z. B. »Ein Mann verlässt seine Eltern und verbindet sich so eng mit seiner Frau, dass die beiden eins sind mit Leib und Seele. Das ist ein großes Geheimnis (...)« (Epheser 5,30-31; HFA).

24 Z. B. Matthäus 19,6; NLB; Maleachi 2,11-16; NLB; Epheser 5,25; ELB.

25 https://www.independent.co.uk/news/science/humans-evolved-monogamous-relationships-to-stop-men-killing-rivals-babies-says-study-8737095.html (zuletzt aufgerufen am 25.02.2021).

26 »Monogamie ist ein relativ seltenes Phänomen bei Säugetieren (Eisenberg, 1966, in der Presse; Orians, 1969; Alexander, 1974), gehört aber zu den höher entwickelten Formen der

sozialen Organisation in dieser Kategorie von Tieren, da sie oft ein hohes Maß an Toleranz gegenüber einem einzelnen Artgenossen über einen langen Zeitraum und meist außerhalb des Begattungskontextes beinhaltet. (...) weniger als 3 Prozent der Säugetierarten werden als monogam bezeichnet.« – Dr. Devra G. Kleinmann, Biologin und Leiterin der Abteilung für Zoologische Forschung im Nationalzoo Washington D.C. (übersetzt aus D. Kleiman: Monogamy in mammals, Q. Rev. Biol. 52, 39–69 [1977]).

27 T.R. Insel u. L. E. Shapiro: Oxytocin receptor distribution reflects social organization in monogamous and polygamous voles. Proceedings of the National Academy of Sciences (1992).

28 Das gesamte System aus Hormonen, Hormon-Rezeptoren und anderen Faktoren ist deutlich komplexer, als wir es in diesem Buch erklären können (z. B. geschlechts-spezifische Unterschiede zwischen männlichen und weiblichen Mäusen). Dennoch hat Oxytocin als Bindungshormon eine durchaus zentrale und gut erforschte Rolle, sodass wir uns der Übersichtlichkeit halber auf Oxytocin beschränken. Siehe dazu: L. J. Young u. W. Zuoxin: The Neurobiology of Pair Bonding. Nature Neuroscience 7 (2004), 1 048–54.

29 L. J. Young et al.: Cellular Mechanisms of Social Attachment. Hormones and Behavior (2001), 40 (2), 133–138.

30 B. Gingrich, Y. Liu, C. Cascio, Z. Wang & T. R. Insel: Dopamine D2 receptors in the nucleus accumbens are important for social attachment in female prairie voles. Microtus ochrogaster (2 002), Behavioral Neuroscience, 114 (1), 173–183.

31 L. J. Young: Oxytocin and vasopressin receptors and species-typical social behaviors. Hormones and Behavior (1999), 36 (3), 212–221.

32 J. Thomas Curtis et al.: »Dopamine and Monogamy«, in: Brain Research 1126, no. 1 (December 2006), 76–90.

33 Prof. Freeman stellte eine Verbindung zwischen Lieben und (Ver)Lernen her. Dank sogenannter Neuromodulatoren finden dauerhafte neuronale Veränderungen statt, wenn wir uns verlieben. Alte neuronale Verbindungen werden aufgelöst und Veränderungen in großem Maße werden möglich. – W. J. Freeman: How brains make up their minds. London: Weidenfeld & Nicolson 1999, 160. Siehe auch: L. J. Young et al.: The neurobiology of pair bonding. Nature Neuroscience (2004), 1048–54. Siehe auch: Durch Stimulation unseres Lustzentrums findet ein leichteres Lernen statt und wir erleben aversive Aktivitäten als angenehm. Durch Verliebtheit werden diese Lustzentren aktiv. – N. Doidge: Appetitive pleasure states. A biopsychoanalytic model of the pleasure threshold, mental representation, and defense. In: R.A. Glick u. S. Bone (Hrsg.): Pleasure beyond the pleasure principle. New Haven: Yale University Press 1990.

34 N. Doidge: Neustart im Kopf. Wie sich unser Gehirn selbst repariert, Frankfurt: Norman Doidge Campus Verlag 2014, 131.

35 Unmittelbar nach einem One-Night-Stand fühlt man sich einsamer und depressiver als sonst. Personen, die regelmäßig One-Nights-Stands haben, fühlen sich insgesamt unzufriedener, sind weniger glücklich und haben einen geringeren Selbstwert. – M. Bersamin et al.: Risky business. Is there an association between casual sex and mental health among young emerging adults? Journal of Sex Research (2014), 51 (1), 43–51

36 »Sex sollte sein wie Tennisspielen!« – Justin Timberlake im Kinofilm »Freunde mit gewissen Vorzügen«.

37 Originalzitat von ihm (Amerikaner): »The lie in your head is: You have to take drugs to get the experience. The truth is: If you take drugs once you will never get the experience of a full life without never had drugs and you will never get the experience how to live a life without drugs.«

38 Vgl. z. B. 2. Korinther 12,21, NLB, 4. Mose 5,1-4; NLB, Psalm 51,12; NLB, Matthäus 5,8; NLB, 2. Chronik 30,17-19; NLB, Psalm 119,9; NLB.

39 Vgl. z. B. Hesekiel 16,8: Gott vergleicht hier sein Volk mit einer Frau, mit der er einen Ehebund schließt.

40 Vgl. auch 3. Mose 12,4; NLB, Offenbarung 21,24-27; NGÜ oder Stellen zum Thema »Heiligkeit«: 1. Petrus 1,15-16.

41 Vgl. 4. Mose 8,5-22; NLB.

42 Hesekiel 23,2-8; NLB, siehe auch: »Gott möchte, dass ihr heilig seid; deshalb sollt ihr nicht unzüchtig leben. Dann wird jeder von euch so leben, dass er Gott Ehre macht« (1. Thessalonicher 4,3-4; NLB).

43 Vgl. Epheser 5,23; NLB, siehe auch 1. Mose 1,26; ELB.
44 Vgl. z. B. 1. Korinther 7,5.
45 Z. B. Hohelied 5,13-14; NLB, oder Sprüche 5,19; NLB.
46 C. S. Lewis: The Four Loves, New York: HarperCollins, 2012.
47 Aus dem Herzen kommen böse Gedanken wie zum Beispiel Mord, Ehebruch, Unzucht, Diebstahl, Lüge und Verleumdung (Matthäus 15,19), siehe auch Matthäus 5,28-29; EÜ, direkt nach der Aussage über Lust bzw. begehrliche Blicke. Das griechische Wort für Hölle, geena, das Jesus hier verwendet, ist abgeleitet von einem Ort südlich von Jerusalem, an dem Müll oder tote Tiere ganz langsam verkohlten, also langsam zerfielen. Lust hat verheerende Auswirkungen. Quelle: https://www.bibletools.org/index.cfm/fuseaction/Lexicon.show/ID/G1067/geena.html (zuletzt aufgerufen am 24.02.2021).
48 Ein Beispiel konnte man in der Dokumentation »Männerwelten« von Joko & Klaas sehen (2020).
49 Englische Übersetzung: »in holiness and honor, not in the passion of lust« (ESV).
50 Timothy J. Keller: Sex, 06/1996. https://gospelinlife.com/downloads/sex-6448/ (zuletzt aufgerufen am 18.03.2021).
51 Z. B. sagt Gott: »Du sollst keine anderen Götter haben neben mir« (2. Mose 20,3; LUT; siehe auch Matthäus 19,21; NLB).
52 Z. B. Römer 10,9; NGÜ: »Wenn du also mit deinem Mund bekennst, dass Jesus der Herr ist, und mit deinem Herzen glaubst, dass Gott ihn von den Toten auferweckt hat, wirst du gerettet werden.« Siehe auch Römer 8,5; NLB; Galater 5,25; NLB; Philipper 3,8; Galater 1,10; NLB u.v.m. Wenn du dich fragst, was es bedeutet, Jesus zum Chef deines Lebens zu machen, empfehle ich dir sehr das Move-Buch vom ICF.
53 Z. B. Psalm 23,1: »Der Herr ist mein Hirte, darum leide ich keinen Mangel« (NGÜ). Wir sind wie Schafe, die sich entscheiden, dass Gott unser Hirte sein darf. Wir unterstellen uns also unserem Hirten und schränken uns erst mal ein. Aber als Schaf in seiner Herde wird es uns besser ergehen, als wenn wir unser eigenes Ding machen.
54 Timothy J. Keller: Sexuality and Christian Hope, 4/2004. https://www.youtube.com/watch?v=WaYKyRLjxzI (zuletzt aufgerufen am 18.03.2021).
55 Z. B. Jom Kippur oder das Pessachfest.
56 »Ebenso nahm er, nachdem sie gegessen hatten, einen Becher >mit Wein< und gab ihn den Jüngern mit den Worten: Dieser Becher ist der neue Bund, besiegelt mit meinem Blut, das für euch vergossen wird« (Lukas 22,17-20; NGÜ).
57 Timothy J. Keller: Sex – The Biblical Guidelines, 09/1993. https://gospelinlife.com/downloads/sex-the-biblical-guidelines-cont-4630 (zuletzt aufgerufen am 18.03.2021).
58 Siehe auch: »Was ich dir jetzt rate, ist wichtiger als alles andere: Achte auf deine Gedanken, denn sie entscheiden über dein Leben!« (Sprüche 4,23).
59 Timothy J. Keller: The Case of Joseph, 04/1995. https://gospelinlife.com/downloads/lust-the-case-of-joseph-6375 (zuletzt aufgerufen am 18.03.2021).
60 C.S. Lewis: Pardon, ich bin Christ. Meine Argumente für den Glauben, fontis – Brunnen Basel, 2016.
61 Z. B. Matthäus 5,27-30; NLB.
62 Timothy J. Keller: Sex – The Biblical Guidelines, 09/1993. https://gospelinlife.com/downloads/sex-the-biblical-guidelines-cont-4630 (zuletzt aufgerufen am 18.03.2021).
63 Timothy J. Keller: Biblical Sex Guidelines. Original-Zitat: »To say, >Time has changed, Christians have to change!< – you are forgetting something! Christianity originally broke in the scene and swept the Roman world because it believed in the sexual purity. Everybody looked at them and thought they were crazy. And yet as people moved on in to the Christian faith and began to experience the power of the biblical sex ethic, it won. It was not that Christianity, this ethic was born in an area or culture or time where people where repressed and therefore now we see that's not a healthy approach to things and people can't live like that and therefore it's not practical so we have to loosen up. That's just not true! Christians were people who already had been as loose as you could be. The whole culture was that way. And when Christians found out that what the scripture taught, what Christ taught about sexuality worked in an amazing way. And they began to find that instead of destroying the ability to trust and relate the people it renewed and strengthened and, in a sense, recreated the ability to commit and have integrity and relationships, the new approach to purity was

part of the power of early Christianity. Part of what really gave its dynamic and absolutely transformed the culture in the city where it started. So it's silly, absolutely silly to say that kind of thing just won't work anymore. What do you mean by anymore? It has always been out of step. And at the same time, it has also transformed plenty of lives.«

64 Laut UNAIDS starben im Jahr 2017 weltweit rund 940 000 Menschen an den Folgen einer Aids-Erkrankung.

65 Timothy J. Keller: Love, Lust and Liberation, 04/1999. https://gospelinlife.com/downloads/love-lust-and-liberation-5087 (zuletzt aufgerufen am 18.03.2021) (eigene Übersetzung).

66 Markus 12,30-31; Lukas 6,27.

67 »(...) das Blut Jesu, seines Sohnes, macht uns rein von aller Sünde« (1. Johannes 1,7; LUT).

68 »Geschwister, ihr seid zur Freiheit berufen! Doch gebraucht eure Freiheit nicht als Vorwand, um die Wünsche eurer selbstsüchtigen Natur zu befriedigen, sondern dient einander in Liebe. (...) Im Übrigen ist klar ersichtlich, was die Auswirkungen sind, wenn man sich von der eigenen Natur beherrschen lässt: sexuelle Unmoral, Schamlosigkeit, Ausschweifung (...)« (Galater 5,13.19; NGÜ).

69 Z. B. 1. Korinther 7,5 (vergleiche Luther mit der NLB-Übersetzung).

70 »Damit ich Christus eine reine Jungfrau zuführte« (2. Korinther 11,2; Lut).

71 Das hebräische Wort für »wie eine Hure verhalten/Hurerei« ist zanah. Die Schlachter-Bibel übersetzt zanah mit Unzucht. Siehe auch Johannes 8,41; ELB, wo z. B. porneia mit Hurerei übersetzt wird. D. h., der Begriff »sexuelle Unmoral« schließt Sex vor der Ehe mit ein.

72 Z. B. Hesekiel 23,14-16; ELB, Offenbarung 9,21; NLB, Offenbarung 21,8; NLB, Offenbarung 22,15; NLB, einfach mal auf einer Seite wie z. B. www.bibelkommentare.de/strongs/elb_bk/ nach den Strong-Nummern suchen: G4202 oder H5689 (Porneia), G167 oder H2930-H2932 (Unreinheit), G3806 oder H5689 (Lust) und ähnliche.

73 Pathos steht für das Wort »Lust«, sieht man sofort in der NIV-Übersetzung, kam aber auch im Kapitel 5 in dem Vers 1. Thessalonicher 4,4-5 vor: »Das ist es, was Gott will: eure Heiligung – dass ihr die Unzucht meidet, dass jeder von euch lernt, mit seiner Frau in heiliger und achtungsvoller Weise zu verkehren, nicht in leidenschaftlicher Begierde (griech. pathos = in Lust) wie die Heiden, die Gott nicht kennen« (EÜ).

74 Siehe auch Galater 5,19; NLB, Römer 7,5; NLB, Römer 8,5; NLB, 1. Mose 8,21; Lut.

75 Z. B. Corrie ten Boom. https://www.jesus.ch/themen/people/erlebt/121089-da_bat_der_kzwaerter_um_vergebung.html (zuletzt aufgerufen am 25.02.2020).

76 Vgl. Matthäus 19,5.

77 Weitere Tipps dazu findest du auch in meinem Buch »BÄM! Keine Angst vor Konflikten«.

78 Timothy J. Keller: Singleness. The Biblical Guidelines, 09/1993. https://gospelinlife.com/downloads/singleness-the-biblical-guidelines-4631 (zuletzt aufgerufen am 18.03.2021) (eigene Übersetzung).

79 Ebd.

80 Siehe auch Lukas 16,15; NGÜ.

81 Wenn wir mit dem Sex bis zur Ehe warten, aber im Herzen getrieben sind von Lust, wären wir typische Pharisäer: Obwohl wir uns im Vergleich zu anderen an Gottes Gebote halten, sieht es in unserem Herzen dunkel aus. Noch wichtiger, als »was wir tun«, ist also unser Motiv: »warum wir etwas tun«.

82 Eine Sammlung von Artikeln, Studien und Berichten findet man z. B. hier: https://www.safersurfing.org (zuletzt aufgerufen am 25.02.2020). https://www.weisses-kreuz.de (zuletzt aufgerufen am 25.02.2020).

83 Timothy J. Keller: Singleness – The Biblical Guidelines, 09/1993. https://gospelinlife.com/downloads/singleness-the-biblical-guidelines-4631 (zuletzt aufgerufen am 18.03.2021) (eigene Übersetzung).

84 Arne Hoffmann: Eine Frage der Größe: Wie oft Männer an Sex denken. Und andere Fragen, die Sie noch nie zu stellen wagten, Heyne: München, 2010.

85 Timothy J. Keller: Blessed Self-Forgetfulness, 02/2002. https://gospelinlife.com/downloads/blessed-self-forgetfulness-5261 (zuletzt aufgerufen am 18.03.2021) (eigene Übersetzung).

86 Kathy Keller: Singleness and the Rest of the World. The Commonalities of Suffering, 03/2014. https://vimeo.com/88660506 (zuletzt aufgerufen am 18.03.2021) (eigene Übersetzung).

87 Michael Ende: Momo, Thienemann-Esslinger Verlag GmbH: Stuttgart, 2005.

Tobias Teichen

ROOTS GROUP EXPERIENCE
Auf der Suche nach dem Ursprung des Glaubens

Mit diesem Buch zeigt Tobias Teichen, dass das Alte Testament viel mehr Potenzial hat als langweilige Stammbäume und blutige Geschichten. Es ist der Boden, in dem die Wurzeln unseres christlichen Glaubens stecken, und damit auch der Beginn von Gottes Geschichte mit uns Christen heute. Dieses Gruppenmaterial gräbt tiefer und ermutigt dazu, gemeinsam die Grundlagen und den Ursprung des Glaubens im Alten Testament zu entdecken.

Paperback, 165 x 235 mm, 128 Seiten
Nr. 227.000.041, ISBN 978-3-417-00041-2

Ilse Wehrmann · Franziska Martinet
Gabriele Haug-Schnabel · Joachim Bensel

DIE gute KITA

Handlungsempfehlungen für die Frühpädagogik

HERDER
FREIBURG · BASEL · WIEN

MIX
Papier | Fördert gute Waldnutzung
FSC® C010798

www.herder.de

Umschlagkonzeption und -gestaltung: Gestaltungssaal, Rohrdorf bei Rosenheim
Satz: Sabine Hanel, Gestaltungssaal
Coverillustrationen: © syntika - GettyImages
Illustrationen im Innenteil: © Abbasy Kautsar - GettyImages, © bgblue - GettyImages, © Blankstock – GettyImages, © Culombio Art - GettyImages, © LueratSatichob - GettyImages, © Oksana Sazhnieva - GettyImages, © ozalp - GettyImages, © PeterSnow - GettyImages, © rambo182 - GettyImages, © syntika - GettyImages, © Sabine Hanel - Gestaltungssaal

Herstellung: Graspo CZ, Zlín

Printed in the Czech Republic

ISBN (Print) 978-3-451-39826-1
ISBN EBook (PDF) 978-3-451-83258-1
ISBN EBook (EPUB) 978-3-451-83266-6